李清照

嗨！有趣的故事

Hi! Story

張世杰

中華教育

【出版說明】

在文字出現以前，知識的傳遞方式主要就是語言，靠口耳相傳的方式記錄歷史與情感表達。人類的生活經歷、生命情感也依靠著「說故事」來「記錄」。是即人們口中常說的「傳說時代」。然而文字的出現讓「故事」不僅能夠分享，還能記錄，還能更好、更廣泛地保留、積累和傳承。

《史記》「紀傳體」這個體裁的出現，讓「信史」有了依託，讓「故事」有了新的準則：文詞精鍊，詞彙豐富，語言精切淺白；豐富的思想內容，不虛美、不隱惡。選擇人物一生中最有典型意義的事件，來突出人物的性格特徵，以對事件的細節描寫烘托人物的情感表現，用符合人物身份的語言，表現人物的神情態度、愛好取捨。生動、雋永而又情味盎然。

「故事」中的人物和事件，從來就是人類的「熱門話題」。她是茶餘飯後的趣味談資，是小說家的鮮活素材，是政治學、人類學、社會學等取之無盡、用之不竭的研究依據和事實佐證。

中國歷史上下五千年，人物眾多，事件繁複，神話傳說與歷史事實並存，正史與野史交錯互映，頭緒繁多，內容龐雜，可謂浩如煙海、精彩紛呈，展現了中華文化的源遠流長與博大精深。讓「故事」的題材取之不盡，用之不竭。而其深厚的文化底蘊如何呈現，怎樣傳承，使之重光，無疑成為《嗨！有趣的故事》出版的緣起與意趣。

《嗨！有趣的故事》秉持典籍史料所承載的歷史精神，力圖反映歷史的精彩與真實。深入淺出的文字使「故事」更為生動，更為循循善誘、發人深思。

《嗨！有趣的故事》以蘊含了或高亢激昂或哀婉悲痛的歷史現場，以對古往今來無數先賢英烈的思想、事蹟和他們事業成就的鮮活呈現，於協助讀者不斷豐富歷史視域和深度思考的同時，不斷獲得人生啟迪和現實思考、並從中汲取力量，豐富精神世界，在實現自我人生價值和彰顯時代精神的大道上，毅勇精進，不斷提升。

#【導讀】

李清照，號易安居士。生於北宋濟南府章丘明水（今屬山東濟南）一個書香門第，早期生活優裕。父親李格非精通經史，長於散文，在家庭的薰陶下，她小小年紀便文采出眾。

李清照是中國古代罕見的才女，她的詩歌、散文和詞學理論都能高標一幟、卓爾不凡。而她畢生用力最勤、成就最高、影響最大的則是詞的創作。她遠超群倫，贏得了婉約派詞人「宗主」的地位，成為婉約派代表人物之一，並且形成了自己獨特的藝術風格——「易安體」。同時，她詞作中筆力橫放、鋪敘渾成的豪放風格，對辛棄疾、陸游以及後世詞人也有較大影響。

她的詞分前期和後期。前期多著墨於優閒生活，描寫愛情點滴、自然景物，韻調優美；後期因國破家亡，多慨歎身世、懷鄉憶舊，情調悲傷。她不追求文辭藻飾，而是以富有表現力的白描手法敘寫周圍事物，其文字無不滲透自己的情感，文與情完美融合，卻又自然樸素，不見鑿痕。

她的詞追求「別是一格」，重視音律聲字，強調「協律」，但在創作中又不受束縛，善於運用錯綜變化的聲調韻律，來表達起伏變化的思想感情。如〈聲聲慢〉這首詞在音韻上的大膽創新，是宋詞中絕無僅有的：不僅在聲調上表現出高低起伏、抑揚頓挫、和諧悅耳的節奏感；同時，在感情上也層層深入，把人物的內在心理變化過程恰到好處地表現出來。

她的人格像她的作品一樣令人崇敬。她既有女子之淑賢，更兼鬚眉之剛毅；既有對女性生活細膩微妙的體驗，又有憤世之感慨和崇高的情懷。她不僅有卓越的才華、淵博的學識，而且有高遠的理想、豪邁的抱負。

李清照是一個才華特異的女性。她以平民之身，思公卿之責，念國家大事；以女人之身，求人格平等。無論對待國事還是家事，她不隨波逐流，這就難免有無以排遣的孤獨和無法解脫的悲哀。傳統制度所造成的政治、文化、道德、婚姻、人格方面的種種衝突、磨難，都折射在她那如黃花般瘦弱的身子上。

她的著述，在南宋時已刊行了詩文集和詞集，可惜都已經失傳了。現行各種版本的《漱玉詞》都是後人輯錄的，只有幾十首詞，其中還有一部份無法斷定是她的作品。另有少量詩文存世。

目錄

青梅之嗅

一

北宋元豐七年（一〇八四年），李清照出生於濟南府章丘明水。明水，自然多水，尤其是城外有一湖煙波浩渺的好水，名蓮子湖。蓮子湖，環湖有二十里。湖中有許多蓮花，紅花綠葉相間，映在湖水裡，一會凝滯不動，一會又像是在水裡漂洗著的錦緞。湖水清澈透底，不僅養育著一方水土，更浸潤了人們的心靈。

李清照六歲那年，父親李格非擔任太學正，這個職務大約相當於國子監裡的督學。著名詞人周邦彥也曾經擔任過這個職務。這年，李格非在家鄉置辦了一所宅子。他在屋前種植了大片的竹林，並將屋子命名為「有竹堂」。同門好友、著名詩人晁補之為了祝賀他喬遷之喜，寫有一篇〈有竹堂記〉，讚頌李格非文思極為敏捷，哪怕是連續寫十數篇文章，也是立馬可待。

茂密的竹林是李清照小時候遊玩的地方，而「有竹堂」書櫥裡堆滿的各樣書籍也令她格外好奇。

李格非去汴京（今河南開封）任職之前，常在這裡讀書，李清照常常會站在窗外和門邊靜靜聽著父親的讀書聲。李格非發現後，心疼地把小清照攬在懷裡。她看著父親手裡的書，問父親這個字是什麼意思，那個字又是什麼意思。李格非都會耐心地講給她聽。

李格非對這個女兒格外憐惜。他的憐惜可能還不僅僅是發現了女兒有讀書識字的天賦，更是高齡得女的喜悅，而且女兒出生不久媽媽就過世，他也有深深的愧疚。妻子臨終時，因為病痛已經說不出話來，但是她哀傷絕望的眼神李格非是終身難忘的。她奄奄一息，但就是不肯閉上眼睛，直到李格非請人把還不懂事的小清照抱來，二伯母攥著孩子的手，讓小清照的母親放心，她才長長地吐出一口氣，安然而逝。

母親去世後，李清照由二伯母照顧，她的二伯母慈悲善良，視李清照為己出。去官回鄉的祖父更是對聰明伶俐的她格外寵愛，視若掌上明珠，失去母愛的李清照就在這樣的溫暖大家庭中慢慢長大了。

李格非去汴京任職後，與家人書信往來，說完要事，總是會問起李清照，對她的教養成長份外記掛。

二

按照宋時的習俗，一年中的重要節日有春節、元宵、端午和中秋，此外，七夕的「乞巧」對女孩子而言也是一個重要的節日。

七夕傍晚，伯母們為幾個小女孩鄭重安排了「乞巧」的儀式。紅燭點燃，過節時候祭祖用的八仙桌上擺滿了時令鮮果，伯母們分派給幾個女孩兒每人一枚銀針和一束彩線，令她們默念心願以「乞巧」。看著幾個姊妹默念著什麼，七八歲的小清照緊緊抿著嘴角，一副很嚴肅的表情，可是一會兒從她的嘴角就微微綻露出一絲笑意。

二伯母慈愛地摸摸她的頭，蹲下身子問她：「你想讓織女姊姊教會你什麼呢？」

小清照眨眨眼睛，昂著頭說：「我想像哥哥們那樣讀書寫字！」

一家人都笑了起來。

「看這孩子，怎麼就跟別的女孩兒想的不一樣呢！」二伯母有些憂心。

「乞巧」完畢，伯母們將小清照的心願稟告公公和丈夫，出乎她們的意料，幾個人卻都連聲說好，說真不愧是李格非的女兒，出語驚人。帶著小清照長大的二伯母低頭不語。一個小女孩，心思嚮往這麼高，她覺得未必是好兆頭。但看著一家人歡歡喜喜，這個話她是不能說出來的。

她悄悄看著小清照，不知道這個要強的女孩子以後會是什麼樣的命運。

李格非接到老家的信後，很是欣慰。比之當時的諸多官宦，李格非是相當開明的。他知道李清照以後雖然不能像堂兄弟們那樣求取功名，立身立言，但孩子如此聰慧，多讀一點書，多懂一些道理，也沒有什麼不好吧。

從此以後，除了做針線活，李清照就與堂兄弟們一起讀書。她記憶力極好，常常是一目十行。李清照臨的字帖，也隨著書信轉到了李格非的手裡。知道小清照最近又讀了什麼書，再看看小清照的字日有長進，李格非喜不自禁，而轉瞬又落下淚來，要是她的生母還在，該會有多高興呀！

李格非靜下心來，在一次回信裡，他特意為女兒開列了一些必讀的書目。

三

李清照十歲才過就已經讀了不少書。一天，她站在書架前看著，看了半天，心想，還是找一種從沒有看過的書看看吧。一會兒她蹲下，在書架最下面一層看見一卷書。這卷書已經蒙上了薄薄一層灰塵，可知很久都沒有人翻動它了。看看書名：《香奩集》，是一個叫韓偓的唐代人寫的詩集。家裡的書很多，但她從沒有讀過這個人的詩。

她沒想到的是，這本詩集裡的詩卻和她尋常看到的那些不大一樣，寫著什麼「氤氳帳裡香，薄薄睡時妝……」有些早熟的她，讀到這樣的句子，雖然並不能深解，但是裡面隱隱約約的意思，她是知道的。她忽然覺到她的臉有些發燒，她將書藏在身後，四處望望，沒有人來，於是趕緊背過身子再看幾首。

過了一會兒，她想起偶爾會從父親和伯父的口裡聽到一個詞叫「香豔」，她想，這樣的詩即是「香豔」的吧。

「怎麼還會有人寫這樣的詩？」

尋常父親和伯父們會叫她讀李杜的詩，白居易的詩，還有當朝蘇軾、黃庭堅的詩，還有晁補之、張耒的詩。看慣了那樣的詩，她卻從來不知道詩原來還可以這樣寫。

經過賦閒在家的祖父和伯父的指點下，她也大致懂得了寫詩填詞的規矩，學著寫詩，也學著填詞。日子久了，她覺得還是更喜歡填詞。似乎填詞這種方式，更能表達她的內心。

〈雙調憶王孫〉是她比較早創作的一闋詞，那年她可能只有十四五歲：

湖上風來波浩渺，秋已暮、紅稀香少。水光山色與人親，說不盡、無窮好。

蓮子已成荷葉老，清露洗、蘋花汀草。眠沙鷗鷺不回頭，似也恨、人歸早。

寫完，她對照著韓偓的詩，覺得自己寫的甚至比韓偓的更有意思。這樣一想，她嚇了一跳。

四

十幾歲的她，因為熟讀詩書，思想上遠遠比同齡的孩子要成熟。

時常關心她的二伯母很是擔心，這孩子，想那麼多跟一個女孩子沒有關係的事情做什麼呢？小清照的生母臨終時將她託付給了自己，本份善良的她哪裡會沒有壓力呢？但是家裡的幾個男人，卻都會笑話這位二伯母的擔心。這些心胸開闊的長輩即便發現了李清照一些不大合乎「閨範」的舉動，亦不加以干預，只是笑笑就過去了。

作為大家族的李家，雖然在李格非的允許下，對李清照的成長不做苛刻的約束，但有些古訓還是不得不遵守的。那時候的女子，十五歲時要用簪子束髮，這叫做「上頭」。「上頭」之後，女子即是待字閨中，不能再隨意出門，更不用說是遠遊了。

李清照十四歲的時候，兩位伯母對她說：「明年你就十五歲了，該『上頭』了。」「上頭」的事，李清照自然知道。她點點頭，答應了，但是又說：「且讓我在『上頭』之前，再好好出去遊玩一次吧。」

這一年，在伯伯的陪同下，她相繼去了城外的溪亭和蓮子湖遊玩。按照現在來說，這算不得遠遊，但是那時候，幾十里路就得幾個時辰。

李清照知道這是她「上頭」之前的最後一次遠遊，索性撒開了性子，自由自在玩耍了一天。

她那一行的記憶，後來融會到了那闋〈如夢令〉裡：

嘗記溪亭日暮，沉醉不知歸路。興盡晚回舟，誤入藕花深處。爭渡，爭渡，驚起一灘鷗鷺。

這闋詞已經相當成熟，顯示了少女李清照驚人的文學天賦。

南宋建炎二年（一一二八年），李清照有一首自敘創作經歷的詩〈分得知字韻〉：

學詩三十年，緘口不求知。
誰遣好奇士，相逢說項斯。

由此大致推算，她最早的詩詞創作該是產生於十四五歲的時候。這闋〈如夢令〉當是她那一時期的作品之一。

五

「上頭」之後，按照習俗，李清照就已經長大成人了。

建中靖國元年（一一〇一年），李清照到了汴京，父親身邊文士如雲，恰如劉禹錫的〈陋室銘〉描繪的那樣：「談笑有鴻儒，往來無白丁。」李清照在這樣的環境中如魚得水。

一天，父親李格非的幾位友人來家裡拜訪，談詩論文。李格非無意中將李清照那闋〈如夢令〉從一堆書裡翻出。坐在一旁的晁補之看到，順手便拿了過來，一讀之下，驚訝地問：「這是哪裡來的？」

李格非說：「不看了，不看了，這是小女清照隨手寫的，入不得各位方家的法眼。」晁補之對李格非正色道：「老兄此言差矣。這詞寫得天真爛漫，少見少見。文叔（李格非字文叔）以後可以不寫了。」

那個年代，女子的文學創作具有私密性，幾乎不可能外傳。而這闋詞卻因為晁補之等人的推舉，很快就傳遍了京城。詞的意境讓汴京的文人驚訝不已，畢竟李清照還只有十六七歲。何況，按照他們的說法，一個女流之輩，居然能夠寫出如此有情味的作品。

六

李清照十八歲那年，嫁給二十一歲的太學生趙明誠（字德甫，又字德父）。

李清照和趙明誠的婚姻，由於後世文人墨客對李清照的喜愛，演繹出這樣的說法：趙明誠聽聞李清照的才名，貿然前去探望。李清照正從自家園子裡的鞦韆架上下來，匆忙躲避，又好奇地「倚門回首」，寫出了那首著名的有著青梅之味的〈點絳唇〉：

蹴罷秋千，起來慵整纖纖手。露濃花瘦，薄汗輕衣透。　見客入來，襪剗金釵溜。和羞走，倚門回首，卻把青梅嗅。

之後，文人再加演繹，則有了趙明誠那個所謂的「言與司合，安上已脫，芝芙草拔」的夢。言與司合，是「詞」；安上已脫，是「女」；「芝芙草拔」，是「之夫」二字。這樣一來，趙明誠就成了「詞女之夫」。這樣的演繹，我們且不管真偽，讀讀無妨，不當真就是。

按照當時的規矩，趙明誠和李清照的婚姻，必然是媒妁之約。這門婚事，對女兒格外看重的李格非，是很滿意的。他自然知道趙家三公子趙明誠的人品。

李清照能嫁給趙明誠，在古代也算是比較美滿的婚姻了。此時的李清照，心情愉悅，應該寫下了不少以花好月明為主題的詠物詞。可惜的是，大都佚失了。

這一闋詠梅的〈漁家傲〉有幸留存了下來：

雪裡已知春信至，寒梅點綴瓊枝膩。香臉半開嬌旖旎。當庭際，玉人浴出新妝洗。
造化可能偏有意，故教明月玲瓏地。共賞金尊沉綠蟻。莫辭醉，此花不與群花比。

一起倖存下來的還有〈鷓鴣天〉：

暗淡輕黃體性柔，情疏跡遠只香留。何須淺碧深紅色，自是花中第一流。　梅定妒，菊應羞。畫欄開處冠中秋。騷人可煞無情思，何事當年不見收。

七

雖是新婚燕爾，但趙明誠還在太學讀書，只有初一、十五才能回家和李清照相會。趙家僕婦眾多，李清照並無雜事，閒暇時候，她除了專心讀書，作詩填詞，就是跟回到家的丈夫一起整理那些搜羅到的希世典籍和亡詩佚史。

趙明誠閒暇之時，陪著李清照遍遊汴京各處名勝和園林，也常帶她去大相國寺看古玩字畫。

這一時期的生活，可以通過李清照後來為趙明誠所編《金石錄》撰寫的〈後序〉有所瞭解：

「趙、李兩家本是寒族，向來清貧儉樸。每月初一、十五，明誠都請假出去，把暫時不穿的衣服押在當鋪裡，取五百銅錢，走進大相國寺，購買碑文，也為我買一些喜歡的乾鮮水果。回到家中，我們面對面坐著，一邊展玩碑文，一邊品味乾鮮水果，自己覺得很像遠古時代葛天氏的人們那樣自由和快樂。後二年，明誠出仕做官，便立下即使節衣縮食，也要遊遍天下，把古文奇字全部搜集起來的志願。日積月累，資料愈積愈多。公公在朝廷裡做丞相，親戚故舊中也有人在祕書省，常常可以讀到《詩經》以外的佚詩、正史以外的逸史，以及從魯國孔子舊壁中、汲郡魏安釐王墓中發掘出來的古文經傳和竹簡文字，於是就盡力抄寫，漸漸感到趣味無窮，以至欲罷不能。後來偶爾看到古今名人的書畫和夏、商、周三代的奇器，手裡的錢不夠，甚至是脫下衣服抵給人家，也要把它買下來。」

《金石錄·後序》裡，李清照記載了一件很是遺憾的事情。

崇寧年間的一天傍晚，有熟識的商人忽然來拜訪，說是帶來了一幅南唐徐熙所畫的〈牡丹圖〉。

「徐熙的畫？」趙明誠有些不相信。

李清照從小臨帖，她也隨父親叔叔們見過不少名家書畫，聽聞過南唐畫家徐熙的大名，但是從未見過他的真跡。

「這真的會是徐熙的畫嗎？」李清照激動不已，站在丈夫旁邊，看著來人徐徐將畫在案上小心打開。

隨著卷軸漸漸打開，夫婦二人一邊看，一邊讚歎。五代至北宋初年的徐鉉評論徐熙畫「落墨為格，雜彩副之，跡與色不相隱映也」。意思是說，他的畫以墨為基礎（不僅僅是線條），再用色彩敷染，墨與色交相輝映。徐熙的這種精妙的手法，米芾有這樣的評語：「黃荃畫不足收，易摹；徐熙畫不可摹。」這是說，黃荃雖然有盛名，但他的畫不必收藏，因為容易模仿；而徐熙的畫是不可模仿的，是值得珍視的。

激動過後，趙明誠靜下心來，仔細斟酌，斷定這幅畫是徐熙的真跡，而且是難得的精品。書畫鑑定雖然不是李清照的長處，但是畫中花朵那種玄妙的生命氣息，她是能夠感受到的。

看罷畫，趙明誠轉過身來，看著李清照。她知道丈夫的意思。這幅畫價值不菲，也許，他們是難以籌出這筆錢的。

「徐熙的畫，可遇而不可求。我看你們二人格外喜歡，這麼珍貴的畫也該留在喜歡的人家方不委屈。我落落價，只要二十萬。」來人看著他們二人，又看了看畫說。

「二十萬！」李清照一驚。

二十萬錢，即便是官家子弟，一時也是難以籌到的。

來人說：「你們再想想。這幅畫出了門，物各有命，就再也轉不回來了。」「先把畫留在這裡吧。我們再想想辦法。」看著丈夫的眼神，李清照知道他實在是太想把這幅畫留下來。

但最終，李清照還是惋惜地寫道：「我們把它留了兩夜，終於因為想不出法子籌到錢而還給了他。我們夫婦倆為此惋惜悵惘了好幾天。」

誰主沉浮

一

就在李清照和趙明誠夫唱婦隨、幾乎忘卻世事之時，從宮裡傳來了向太后去世的消息。起初，李清照並未在意此事，但是當她聽說朝廷要將「建中靖國」年號改為「崇寧」時，她不禁為之一怔，似乎覺出有一片烏雲正欲籠罩住整個汴京城。

她問趙明誠：「朝廷要將『建中靖國』改為『崇寧』究竟是何意呢？」

其實在發問之前，她已經覺出有幾分不祥。

趙明誠向她轉述了太學生們的議論：

「改『崇寧』，就是朝廷要起用新派人物了。這件事情的原委，要從宋神宗說起。這位神宗皇帝，曾真心倚重王安石等人進行變法，但卻遭到司馬光、蘇軾等人的反對。後來，王安石無奈被迫辭去宰相時，神宗還曾說過『安石去不以罪』的話。元豐八年，神宗去世，十歲的哲宗趙煦即位，但實際上是由高太后垂簾聽政。高太后又起用蘇軾等老臣，盡廢新法。徽宗即位後，向太后聽政。現在向太后不在了，朝廷又要起用新派人物，要改元『崇寧』。只怕黨爭再起，元祐年間高太后重用的蘇軾那一干人，也許就沒有好日子過了。」

說完，趙明誠同情地看看李清照，沉默不語。

李清照明白，作為「蘇門後四學士」之一的父親，也許要遭受厄運了。於是她趕緊回了一趟家，希望能從父親那裡瞭解一些更為詳盡的消息。

她匆忙進門去，見父親正跟繼母喝茶說話，心下才略略有些安慰。但她坐在父親對面的時候，卻分明看到了父親的嚴峻神色。

李清照急迫地問父親：「朝廷究竟要發生什麼事？」

父親沒有直接回答她，只是問：「明誠近來如何？」

父親的有意迴避，讓李清照更加焦急：「改年號為『崇寧』，是有什麼事情要發生嗎？」

「這不是你該操心的事情。」

父親站起來，還像是女兒小時候一樣，慈愛地撫摸一下李清照的頭：「沒事，你放心，不會怎麼樣。」

父親愈是輕描淡寫，李清照就愈是覺得事情嚴重。

李清照匆忙喝了幾口茶就告辭了。她要回去再問問丈夫，請他問一下公公趙挺之，父親會不會真的有事。

二

回到家中，李清照跟丈夫說起這件事情，希望他能乞求位高權重的趙挺之伸出援手，幫父親躲過這一劫。

趙明誠何嘗不願意幫助妻子一解困厄，但是他知道他無能為力，一出面甚至可能會適得其反。前不久，父親發現他竟然收藏有蘇軾、黃庭堅的詩文書法時，甚至大發雷霆。因而不管李清照的請求有多急迫，丈夫卻只能無奈地搖搖頭。

李清照逼得急了，趙明誠只得說：「這不是小事，你哪裡知道這裡面事情的棘手！」

除了朝廷裡黨爭形勢的變化，趙明誠早就知道父親與「蘇門」有很深的恩怨，於是他把這些事情的來龍去脈一一講給李清照聽。趙明誠五歲的時候，趙挺之在德州做官，奉行王安石新法，「蘇門四學士」之一的黃庭堅執意抵制，不把趙挺之放在眼裡。蘇軾則說：「挺之聚斂小人，學行無取。」為此，趙挺之懷恨在心，與蘇軾一干人結下了很深的仇怨。

不久，朝廷終於出手了。蘇軾已卒，但是宋徽宗依舊發出詔令：「天下的碑碣榜額，凡是蘇東坡書寫的，並一律除毀。」崇寧元年（一一〇二年）七月，蔡京等人將蘇轍等十七人列入「元祐黨人」名單，李格非名列第五，並申明他們及其子弟不得在京城存身。

丈夫不願也不能出面央求公公解救自己的父親。李清照思謀良久，要怎樣才能觸動自己的公公，使他生出憐憫之心，伸出援手、一解父親的危難境地呢？她想來想去，公公不是欣賞自己的文辭嗎？何不把自己的父女深情寫成詩，置放在他的案頭，使其為之感動呢。

這首詩很快寫好了。也許是情緒衝動，難以抑制，她甚至在詩裡面毫不掩飾對公公有所抱怨，這無疑逾越了兒媳的本份，但是她一心救父，什麼也不管不顧了。

如今，我們僅能看到這首詩的一句「炙手可熱心可寒」，從這一句中，我們可以體會到李清照急欲救父的情切和掩飾不住的哀怨。

按說讀了這樣的詩，尤其是兒媳的某幾句詩直言不諱，頗為刺人，趙挺之本應大怒，至少會斥責兒子，甚至是直接責難兒媳，奇怪的是，他卻將這首詩暗暗存下。

不久，這首詩在京城流傳開了。凡是讀了這首詩，瞭解內情的人，無不感到深深的哀憐。

兒媳的詩，自然會觸動趙挺之。但因為過去的恩怨，加之這是徽宗和蔡京的意思，這樣的悖逆之情，使得他無法開口為李格非求情。久居官場的趙挺之深知官場奧祕，或者是考慮到蔡京一定會暗中掣肘，雖則是親家，在這樣複雜的官場爭鬥漩渦中，他也只能觀望了。

三

對「元祐黨人」的打擊，才剛剛開始。

崇寧二年（一一〇三年）九月，朝廷頒佈詔令：「宗室不得與元祐奸黨子孫為婚姻」，「宗室不得與元祐奸黨子孫及有服親為婚姻，內已定未過禮者並改正」。也就是說，皇室子弟不許和元祐黨人子孫以及五服之內的親戚結婚，雙方已經約定但還沒有正式行禮的，一律改正退婚。

崇寧三年（一一〇四）四月，尚書省責令元祐黨人子弟，不論有無官職，一律離開汴京。六月，朝廷又把元祐、元符年間受到重用的官員名單合二為一，共三百零九人，李格非列在第二十六名。

同月，徽宗親自書寫「元祐黨籍碑」碑額，蔡京書寫序文和名錄，刻碑立於端禮門前。

李清照聽聞此碑，大吃一驚，這是要置人於死地呀！列於名單也就罷了，還要立碑，甚至徽宗本人竟然會親自書寫碑額，這是要幹什麼呢？真的是要將這些人打入十八層地獄，要趕盡殺絕嗎？

一天晚上，夜幕剛落下，李清照便請求丈夫陪著自己去端禮門，她要親眼看看那塊石碑上究竟寫了些什麼。

已經是亥時了，往日這已經是他們要洗漱安睡的時辰，趙明誠拗不過妻子的請求，兩人換了便服，從後門悄悄出去了。

兩人避開繁華的街市，到了端禮門。朝廷似乎是為了讓夜晚路過的人也能看清楚，竟然在石碑一側點了一盞明亮的燈籠。幾十步開外，李清照就看見碑額上「元祐黨籍碑」五個真書大字。這幾個大字下面，是密密麻麻的小字。她急切地想過去看個分明，卻又膽顫心驚，不敢趨近，怕看見上面刻著父親李格非的名字。

她正慢慢靠近，忽地颳起一陣大風，瞬間吹熄了燈籠。

李清照一驚，待她靠近想看的時候，那些小字都已經為夜色所覆蓋了。

她慢慢走近石碑，眼睛也漸漸適應了夜色。她終於看見了蔡京的手筆，看見石碑上一個一個的名字似乎在暗夜中慢慢浮起，要在夜幕裡遊走一般。

終於，她看到了父親的名字……

她用手指撫摸著父親的名字，指間一片冰涼。

不久，李清照讀到了張耒（字文潛）的〈讀中興頌碑〉。這是一首詠懷古蹟的詩作，藉著憑弔古人，抒發百年興廢感歎，表達了對元結、顏真卿的無限景仰。

一讀之下，她確實是有所感動，但再三品味之下，覺得還是沒有寫盡寫透。那幾天，她反覆琢磨，想寫一兩首「和詩」。她的「和詩」不僅僅是為了寫詩，更是為了要散散心中難解的積鬱。

那些日子，白天晚上，她都在思慮那些詩句。她後來有一聯佚句：「詩情如夜鵲，三繞未能安」，道明了她當年是如何嘔心瀝血寫作的。自然，她這兩句詩是來自曹操「月明星稀，烏鵲南飛。繞樹三匝，無枝可依」的化用。

幾天以後，她的兩首「和詩」作好了〈浯溪中興頌詩和張文潛二首〉。

她的詩裡有這樣的句子：

君不見，驚人廢興傳天寶，中興碑上今生草。
不知負國有奸雄，但說成功尊國老。
誰令妃子天上來，虢秦韓國皆仙才。
苑桑羯鼓玉方響，春風不敢生塵埃。
姓名誰復知安史，健兒猛將安眠死。
去天尺五抱甕峰，峰頭鑿出開元字。
時移勢去真可哀，奸人心魄深如崖。
西蜀萬里尚能返，南內一閉何時開。
可憐孝德如天大，反使將軍稱好在。
嗚呼！奴輩乃不能道輔國用事張後尊，乃能念春薺長安作斤賣。

汴京的文人讀到這樣的詩句——「苑桑羯鼓玉方響，春風不敢生塵埃。姓名誰復知安史，健兒猛將安眠死」的時候，無論如何也難以相信這是一個年輕女子寫出的。這兩首不讓鬚眉之作，真的讓男子也汗顏。她在詩中總結了歷史的教訓，借古喻今，對當權者予以勸戒。詩中對北宋末年朝政的擔憂，表現得既含蓄又透澈。她的這兩首和詩，不僅比前輩士大夫寫得更具有史才，也更具有史德。

離開汴京的李格非，應該也會有機會讀到女兒的和詩，他也一定沒想到女兒竟然能做出這樣有氣勢的詩。

四

儘管李清照已經嫁入權勢日熾的趙家，但是在當時的特殊背景下，有可能被視為「不得擅到闕下」的「奸黨」子女，而被責令「在外居住」。黨爭殘酷，雖然暫時還沒有到你死我活的境地，但是朝廷已經不能容忍「元祐黨人」及其子女在京城有落腳之地。

李清照在汴京的處境，該是在兩難之間。為了避嫌，李清照一個人寂寥地回到了明水老家。物是人非，明水已經不是李清照少女時候的明水了。祖父已經去世。當聽說祖父臨終前還念叨著她的名字，李清照哽咽起來。

重陽節的前一天，在親人的陪伴下，李清照去給祖父上墳，也給生母上墳。祖父墳頭的土色已經灰黃，一旁的生母的墳頭上還有一些枯乾了的花束，是前一段忌日時候親人祭奠的。她將一些新的黃土撒上祖父和生母的墳頭，跪了下來，祈求逝去的親人在另一個世界能夠安息。她跪在墳前的時候，真的想把自己的遭遇說給他們聽。可是她又一想，還是不說了吧，讓親人安息吧，別攪擾了他們在另一個世界的生活。

回去的路上，她覺得秋風分明已經起了。她按住被風吹拂起來的衣衫，想起漢武帝劉徹的〈秋風辭〉：「秋風起兮白雲飛，草木黃落兮雁南歸。」

她正默念之際，一陣風帶著幾片枯葉飄飛起來。

時間還早，伯母說：

「去蓮子湖看看吧。你有好幾年沒有去了。」

她本不欲去，可是面對親人的盛情，她想，還是去看看吧。

湖邊，荷花早已經開過了。荷葉半枯半綠。李清照在湖邊靜坐著，想起少女時代在這裡遊玩的歡愉，感慨時光一去不復返了。

坐久了，李清照覺出幾分涼意，她望望天上，有些陰雲，也許一會兒就要下雨了，就說：「咱們還是盡快回去吧。」

一行幾人，車馬匆匆，天快黑的時候才進了家門。剛剛進家，就聽得大雨突然落了下來。李清照想起那片荷花，想起李商隱的詩句：「竹塢無塵水檻清，相思迢遞隔重城。秋陰不散霜飛晚，留得枯荷聽雨聲。」

是呀！現在大雨一定是「劈里啪啦」打在那些枯乾的荷葉上。她想像著荷葉被疾疾的雨水打得支離亂晃，想像著雨水在荷葉上打出的疏疏密密、高低不同的聲音。她也想起家裡收藏過一幅佚名的卷軸，畫的是大雨中，兩位高士在一座茅棚裡赤足猜拳飲酒，畫上題寫了一句不知是誰的詩：「大雨傾盆酒正酣。」丈夫若在這兒，也許兩人可以藉著這雨意飲幾杯，破一下這寂寥夜晚的。

大雨消歇的時候，她知道院子裡有幾盆新送來的菊花。她推開門，望著雨後的菊花，心生憐惜，覺得這些菊花遇到下雨是沒有地方可以避雨的。她自己也一樣，故鄉雖好，卻不是久留之地。可是除了故鄉，她現在還能夠去哪兒呢？

五

入夜了，李清照在屋子裡隨意翻書，卻總是看不進去。她又站在門口，看著那幾盆菊花。菊花堅韌、耐寒，秋雨過後，依舊是很精神的樣子，雖然一地金黃，被雨水打落了不少花瓣。

這一夜，她寫下了這闋〈醉花陰〉：

薄霧濃雲愁永晝，瑞腦銷金獸。佳節又重陽，玉枕紗櫥，半夜涼初透。　東籬把酒黃昏後，有暗香盈袖。莫道不銷魂，簾捲西風，人比黃花瘦。

起頭一句，李清照寫了「薄霧濃雲愁永晝」。寫完，她覺得起筆不錯，這「薄霧濃雲」不僅籠罩了整個天宇，更是籠罩了整個心頭。她認真閱讀過殷璠編選的《河岳英靈集》，裡面有評崔署的文字：「言詞款要，情興悲涼。」是說崔署的詩有真情，是借情而抒發悲涼。她知道景與情必得相互交融，以景寓情，以情入景，這才是作詩填詞的妙道。

這一句寫完，李清照思考了很久，不知下一句該如何寫。她忽然瞥見案上香爐裡的瑞腦香正散出裊裊青煙。青煙本無情，可是人在百無聊賴的寂寥間，看著時光就在這裊裊青煙中無奈地過去，這青煙就有了意味。

這幾句寫罷，李清照倦了，也困了。她躺下了，起初並未覺出涼意，漸漸地，似乎睡著了，卻又給涼醒了。這個夜晚那麼靜謐，幾分寒涼悄然透過了薄薄的紗櫥。醒來，她又想起什麼，於是就有了上闋的後幾句。

寫罷這幾句，李清照還是難以入睡，近來不順遂的事情，在腦子裡縈迴不已。既然睡不著，那就還是起來吧。可是，起來又能做什麼呢？很久以來，李清照已經習慣了飲酒。「何以解憂，唯有杜康」。睡不著，還是起來喝一杯酒吧。就算是借酒澆愁罷。

她記得陶淵明的〈飲酒〉裡有這樣的詩句：「但恨多謬誤，君當恕醉人。」想著陶淵明的詩句，默念著，一杯杯的酒就飲了下去。「君當恕醉人，君當恕醉人，君當恕醉人……」

李清照喝多了，和衣而臥，就這樣睡著了。

第二天清晨，她醒了，酒意卻尚未全消。洗漱罷，她推開門，院子裡幾盆菊花似乎也還在睡著一樣。一夜過去，那些菊花似乎也跟自己一樣，沒有睡好，有著一些未醒的酒意。

看著這些菊花，她忽然就有了結尾的三句：「莫道不銷魂，簾捲西風，人比黃花瘦。」

寫完這幾句，她鼻子一酸，眼眶裡溼潤潤的，幾乎要落下淚來。這樣的詞句，又有誰能真正解得呢？丈夫趙明誠？還是曾經指點過她的前輩晁補之、張耒？她知道，真正能夠解得的，也許只有她自己了。她自然也知道「人與綠楊俱瘦」（秦觀，〈如夢令·春景〉）、「人瘦也，比梅花，瘦幾分？」（程垓，〈攤破江城子〉）、「天還知道，和天也瘦」（秦觀，〈水龍吟〉）這些類似的詞句，但是，她知道她的「瘦」是有著更深的意味。這種意味，也只有女子能解得，也只有境遇相似的女子才能有所共鳴，這絕不是男人所能真正體味的。

她將這首詞抄寫了一遍，著人送到驛站，藉著官郵的馬匹寄給了丈夫。這裡面蘊含著她的愛，更有她的幽怨。

趙明誠收到這闋詞後，一邊歎賞，一邊又想一較高下，於是謝絕一切客人，三天三夜廢寢忘食，寫了五十闋詞，同時將李清照這闋詞混在裡面，請友人陸德夫評點。陸德夫再三細讀，認為只有「莫道不銷魂，簾捲西風，人比黃花瘦」這三句最好。

李清照寫這闋詞，並不是要丈夫去和詩，而是要丈夫理解她的心思，體恤她的處境，多給她一絲別人給不了的溫暖。而丈夫除了讚歎，竟然只是想一較高低。也許，李清照寄出這闋詞的時候，就已經預料到，她的女子心，又有何人能懂。

這一時期，李清照還寫下了這闋〈一剪梅〉：

紅藕香殘玉簟秋，輕解羅裳，獨上蘭舟。雲中誰寄錦書來，雁字回時，月滿西樓。
花自飄零水自流，一種相思，兩處閒愁。此情無計可消除，才下眉頭，卻上心頭。

六

崇寧四年（一一〇五年）以後，朝中各派政治力量的角逐漸趨平衡，暫時平靜下來。這年五月十二日，朝廷解除了對「元祐黨人」的禁令。七月十九日，宋徽宗又下詔撤銷「元祐黨人」呂大防等十九人所管墳寺，並改賜御題匾額為壽寧禪院，另召僧人居住。宋徽宗甚至頒下御筆詔書：「讓所有因為上書、上奏而受到責難處理的官員，根據罪行的輕重，可以特別照顧，允許他們回到故里。」

九月初五，全國實行大赦。宋徽宗下詔：「元祐奸黨，被貶逐到邊遠已經有很長的時間，為了表達朝廷無限仁慈之心，特許他們稍微向內地調動，所有被貶到嶺南的改到荊湖，原來在荊湖的改到江淮，原來在江淮的改到京城附近地方，但不許到京畿四個輔郡。」

在這個過程中，與蔡京共事的趙挺之，漸漸發覺蔡京的險惡。他不惜自身的安危，屢次在宋徽宗面前揭露蔡京。兩人矛盾公開後，趙挺之覺得實在無法再與蔡京共事，於是提出辭官。宋徽宗無法調和二人爭端，亦無以明辨是非，只能同意趙挺之的辭職。宋徽宗看重趙挺之的才幹，為了挽留他，將汴京府司巷一處宅邸賜給他，叫他暫且歇息，以待來日再行啟用。

朝廷對「元祐黨人」的暫且寬宥，讓李清照感到了一線希望。春天來了，她可能會由明水返回汴京，試探一下京城的風波是否真的平靜了。回到汴京，她自然會回到經衢之西的李氏舊宅。敲開故宅的門，她再次看到了父親在她初到汴京時候為她手植的那棵梅樹。如今，那株梅樹已經生得非常粗壯了。這闋〈玉樓春・紅梅〉，可能就是這個時候寫的：

紅酥肯放瓊苞碎，探著南枝開遍未？不知醞藉幾多香，但見包藏無限意。　道人憔悴春窗底，悶損闌干愁不倚。要來小酌便來休，未必明朝風不起。

李清照這一次的返京，究竟是什麼結局，是回到趙家安穩地住了一段時間，還是匆忙返回了老家明水，我們不得而知。

七

崇寧五年（一一〇六年）正月，在宋徽宗力勸之下恢復相位才幾個月的趙挺之，因與蔡京再次發生尖銳矛盾，想要再度辭職。

就在這時，一件「大事」發生了。對現在的人來說，可能就是一次彗星的出現。當然，同時還發生了雷擊——汴京的「元祐黨籍碑」突遭雷擊，竟然一破為二。

徽宗聽聞，以為是上天降怒，大為恐懼，便派人悄悄在夜深時將「元祐黨籍碑」銷毀。同時，撤銷對「元祐黨人」的所有禁令，准許「元祐黨人」子弟在京城差遣居住。同時，為了調和矛盾，讓蔡京去位。

同月，徽宗大赦天下，並讓吏部任命李格非、晁補之等人為「監廟差遣」。這是一個閒差，可以到任，也可以不到任。但禁止他們到京城及近郊。

禁令開釋不久，大觀元年（一一〇七年）三月，蔡京再次出任宰相，趙挺之隨即被罷免。趙挺之心力交瘁，大病不起，五日後即去世，享年六十八歲。

趙挺之去世後，蔡京依舊不依不饒。他去世後的第三天，蔡京一方面命其親信在趙挺之置辦於青州的私邸究問，另一方面命令親信在汴京審查其在京的親屬。雖然沒有查到可以問罪的口實，但還是一直折騰到七月份才罷休，並給趙挺之羅織了莫須有的罪名，使餘下的官職逐一被追奪。

趙挺之與蔡京共事日久，早就覺出不能久留，久留必然是害。他有意不在老家諸城安頓，以免萬一有事，拖累族人。他在青州謀劃安居，實在是經過了深思熟慮。後事，果然是在他的預料之中。

趙挺之的三個兒子，在父親去世後，只得離開京城。他們兄弟幾人，幸而有父親的遠見，才能在青州宅邸暫且安身。

青州的日子，倒也無憂無慮。

趙明誠現在的時間寬裕了，可以隨意出門，去各地尋訪各樣古物，但是沒有更多的錢，購置成為難事。多年來雖有一些積蓄，但實在有限，李清照只能是處處節約開支。

他們夫婦約定，膳食盡量簡單，每天有一道葷菜和幾道素菜即可。兩人也不再添置新衣服，有一件像樣的可以出門訪友就夠了。

閒暇日子，也正是他們讀書的好時光。

二人常讀的書，還有新搜購的未及整理的書冊，在案頭茶几甚至是枕席之上都堆滿了。不管是誰，隨手取閱一冊，翻至某一頁，看到會心處，都會請對方也看看，一起欣賞，有疑義的，二人還要討論一番。

有一天看書累了，李清照背著手在院裡走著，大聲念著陶淵明的〈移居〉：

昔欲居南村，非為卜其宅。
聞多素心人，樂與數晨夕。
懷此頗有年，今日從茲役。
敝廬何必廣，取足蔽床席。

鄰曲時時來，抗言談在昔。
奇文共欣賞，疑義相與析。

李清照覺得有這樣的閒暇，可以讀書填詞，還能夠不時有短暫的出遊，觀賞風景，天下哪裡還有比這更好的日子呢。

她在青州「歸來堂」的日子，最為開心的還是晚飯後夫婦二人一起烹茶讀書。

一天晚上，趙明誠已經躺下了，見李清照還在整理那些書籍，便以戲謔的口吻對她說：「你把這些書冊器物侍弄出靈性，又該怎麼辦呢？」

李清照反脣相稽：「這正是我想要的效果呀。那些歌舞女色哪裡能跟這些書冊器物相比呀！」

李清照的話，自然是有著弦外之音的。趙明誠想不到，自己的調侃卻被李清照反戈一擊，看似無心之言，卻點在了一個男人的心虛處。

他只能自嘲道：「夫人是如同神仙一樣的宓妃，下凡到我趙家，還有誰比得過你呢？」

李清照見說得過了，遂說道：「我不過是隨口說說，哪裡就那麼嚴重了。」

八

此時，也恰值晁補之在緡城（今山東金鄉）守母喪。青州、緡城不過百里，李、晁兩家早有通家之好，李清照得到消息後，決定前去拜訪這位在汴京多次給予自己指點的大詩人。

早在元祐年間，晁補之就曾把他關於詞的觀點，寫進了那篇〈評本朝樂章〉裡。那篇文字裡，他評論柳永、歐陽修、蘇軾、黃庭堅、晏殊、張先、秦觀七家的詞。這篇詞評，李清照曾經聽父親說過，後來還是有機會讀到了。也許還因此受了啟發，才寫出了《詞論》。

拜見晁補之時，李清照抱著求教的態度說道：

「我近來於詞有些心得，請前輩指點。」

「五代時候，戰亂不斷，斯文掃地，無人作新曲傳唱。這時只有南唐李璟李煜父子、馮延巳等君臣溫文爾雅，時有新作問世，其中有名的作品有李煜的〈浣溪沙〉、馮延巳的〈謁金門〉，「小樓吹徹玉笙寒」、「吹皺一池春水」更是其中的名句。句子雖然很奇特、很優美，但是要滅亡的國家所唱出來的歌聲帶著很深的哀傷，就不能算曲子詞中的上品了。」

「到了本朝，才有了柳永，變樂府舊聲為新聲。但柳永的詞雖然合於音律，詞句卻俗不可耐。又有張先、宋祁等人，雖然時時有妙語傳世，但卻整篇破碎，不能稱為名家。到了晏殊、歐陽修、蘇軾等人，他們學問深厚，填這些小歌詞，就像是拿著葫蘆做的瓢去大海裡取水一樣容易，但是細細琢磨他們的詞，句子都嫌不夠精妙。」

見晁補之點頭，李清照繼續說：

「詞別是一家。詩和文章只分平仄，但詞卻要分五音，又分五聲，又分六律，還要分發音的清、濁、輕、重。比如當世的那些詞牌名叫〈聲聲慢〉、〈雨中花〉、〈喜遷鶯〉的，既可以押平聲韻，又可以押仄聲韻。〈玉樓春〉本押平聲韻，又押去聲，又押入聲。本來是押仄聲韻的，如果押上聲韻則與音律協調，但如果押入聲韻，就不能作歌唱了。王安石、曾鞏，他們的文章有西漢的風格，但如果他們作詞，只怕會讓人笑倒，因為這樣的詞叫人讀不下去。後來晏幾道、賀鑄、秦觀一出，才得到了詞中三昧。但是晏幾道的詞短於鋪敘，賀鑄的詞短於用典，秦觀的詞致力於婉約、情深一片，詞中卻少了實際的東西，就像一個貧窮人家的女兒，雖然長得很漂亮，打扮也很時尚，但始終缺乏那種天生的貴氣。」

李清照認為詞首先要適合歌唱，才能感人。為此她在《詞論》裡還特意改寫了一則典故：

「唐開元、天寶年間，有一位歌者叫李八郎，唱歌妙絕天下。有一次，剛剛及第的進士們在曲江大開宴席，其中有一位及第的名士，吩咐李八郎故意穿一身舊衣，戴一頂舊帽子，隱瞞自己的真實姓名，並裝成神情慘淡的樣子，一同參加宴席。然後對眾人說：這是我的表弟，讓他坐末席吧。參加宴會的眾人都對他毫不在意。眾人邊喝酒邊聽歌，許多歌者輪流唱歌，其中只有曹元謙、念奴二人歌唱得最好。唱完後，大家對二人的歌聲稱歎讚賞不絕。這時，那位名士忽然指著李八郎對大家說：請讓我表弟為大家演唱一首歌吧。眾人都哂笑起來，甚至還有人對於讓一個無名之輩來歌唱感到很生氣。可是等到李八郎一曲歌唱完，感動得眾人都哭了起來，團團拜伏在他周圍，都說：你肯定就是李八郎啊。」

晚年，她還時常翻出這篇文字，看著裡面的詞句，雖略為尖刻，但覺得自己沒有說錯。那些正統的詩，雖則有無數可以讚歎之處，但是要「直心見性」，尤其是深刻地表現女子的內心，她認為詞這種形式更為適宜。她覺得女人也應該有屬於她們自己的文體，這就是詞。

九

「元祐黨人」案始於宋哲宗元符三年（一一〇〇年），到宋徽宗政和三年（一一一三年）八月方告尾聲，其間沉沉浮浮，竟然歷經了十三年又八個月。此案深刻地影響到李格非一家人的命運。李清照經此一案，逐漸洞明世事。

宋徽宗下令銷毀「元祐黨籍碑」之前，已經有人悄悄拓印保存了下來。

有意味的是，「元祐黨籍碑」銷毀九十三年之後，當年被列為「元祐黨人」之一的梁燾的曾孫梁律，根據家藏碑刻拓本重新刻製了一塊碑。其後，「元祐黨人」的子孫更以先祖能夠名列此碑為榮，多有摹刻。

浮槎去，不相逢

一

在青州生活了十年後，趙明誠終於重新被起用，出任萊州太守，三年後轉任淄州。靖康元年（一一二六年），金兵從正月初五發兵圍困京城，到二月十二日，兵乏馬困缺少糧草的金兵依舊無力攻克汴京，無奈退去。但是到了九月，金兵經過休養，再次南下，迅疾拿下太原。十月，攻陷真定（今河北正定），繼之再攻克滑州（今河南滑縣）等郡縣。

一天，趙明誠回家後神色不安，吃了幾口飯，就把碗筷推到一邊。不待李清照詢問，趙明誠就說：「金賊已經圍困住汴京了。」

「金賊去年圍困京城，雖然朝廷艱難，但還是有足夠的兵力阻擋，人心亦在。但這一次不一樣。金賊兵強馬壯，氣勢洶洶，十幾萬軍士攜帶了大量的糧草，下決心要攻破京城。據說他們還研究了破城的方法。」

果然不出趙明誠所料，到閏十一月，金兵很快破城，把徽宗、欽宗拘留在金營，金主下詔廢徽宗、欽宗為庶人，次年立同金朝勾結的原宋朝宰相張邦昌為偽楚皇帝。隨後，金兵帶著俘虜的徽、欽二帝和后妃、皇子、宗室、貴戚等三千多人北撤。

康王趙構在南京應天府（今河南商丘）被擁立為皇帝，重建趙宋王朝，改年號為建炎。這之前，靖康元年春，金兵第一次包圍汴京時，趙構曾以親王身份在金營中短期押為人質。當年冬，金兵再次南侵，他奉命出使金營求和，在河北磁州（今河北磁縣）被守臣宗澤勸阻留下，才得以免遭金兵俘虜。金兵再次包圍汴京時，他受命為河北兵馬大元帥，朝廷令其率河北兵馬救援京師，但他移屯北京大名府（今河北大名），繼又轉移到東平府（今屬山東），以避敵鋒，才有了他建立南宋的機緣。不然的話，趙宋王朝一百六十七年的血脈就到此斷絕了。

二

趙明誠任職淄州時，偶然從淄西邢氏村隱居老人邢有嘉手中得到一冊白居易手書的《楞嚴經》。

趙明誠知道李清照喜歡白居易的詩，這件書法作品若是給她看到，她該是如何的驚喜。趙明誠片刻也沒有耽擱，連夜返回。到淄州家中已經是二更，李清照已經休息了。看著熟睡的李清照，趙明誠還是忍不住叫醒了她。

李清照聽聞丈夫帶來了白居易的手書，簡直不能相信是真的。《楞嚴經》在案上展開，李清照仔細看著，摩挲著那些字跡，似乎可以感覺到大詩人的手正在那裡一行一行地書寫著。

欣賞半天，意猶未足，於是李清照去烹了一壺「小團龍茶」，二人「相對展玩」，乾脆不睡了。

李清照對白居易的詩極為熟稔，從小就會背誦「離離原上草，一歲一枯榮。野火燒不盡，春風吹又生……」

那幾天，只要有閒暇，李清照就會在案上展開這件白居易的手跡，反覆觀摩體味。

趙明誠見妻子整日面對白居易的墨跡，就對她說：「以你的見識，白公的詩自然是一流的，可他的書法怎麼樣呢？」

李清照自然知道這是深諳金石書畫的夫君在考問她。婚後，李清照對金石書畫下了很多功夫，因此毫不猶豫地評點說：

「白居易的書風，溫雅中有雄健，神氣爽朗，氣度飄逸，骨力清健，字字珠圓玉潤，書卷氣盎然滿紙。」

李清照說完，趙明誠一愣，妻子對白居易書法的見識甚至要在他之上。

可不待丈夫說什麼，李清照又說起白居易的詩：「他的詩雖然好，但〈長恨歌〉裡面還是有叫人遺憾之處的。」

趙明誠一驚，不知道接下來她要說些什麼。

李清照接著說：「玄宗早年勵精圖治，因此有開元治世；晚年荒淫無道，因此有天寶亂世。詩人對他有一種矛盾而複雜的感情，有時頌美懷念，有時批評斥責，詩中就難免有自相矛盾之處。」

趙明誠驚訝得說不出話來。

三

建炎元年（一一二七年）春三月，趙明誠接到家書，得知母親在江寧病逝。父親趙挺之早已去世，母親的病逝令趙明誠焦慮萬分。時局不穩，隨時可能出現變局，讓趙明誠在奔喪和守護書畫古物兩難之間，尤其是他手裡還有幾件與性命一樣重要的「宗器」。攜婦前往江寧，自然可以盡孝道本份；而他又實在放不下二十餘年來積存在青州老宅的大量書畫古物，權衡之下，趙明誠決定，還是獨自一人回江寧奔喪。

臨別之際，趙明誠望著妻子李清照，不知該說什麼才好。他知道此時留下一個聰慧但畢竟柔弱的女子，應對如許多的煩冗雜事，心有不忍，但事出無奈，他只能簡短交代幾句，就毅然轉身，悵然而去。

送別丈夫，按照趙明誠的安排，李清照回到了青州。青州老宅雖然有人照看，一應什物卻難免蒙上了一些灰塵。李清照頹然坐下，只覺得滿目蒼涼。

目睹著屋子裡的一切，李清照明白原先二人世界裡所有的琴書之娛和金石之樂，隨著難以預料的局勢，難以再續了。偌大的家業，李清照無心料理，索性撒開手，一切均交由僕婦照管。她面對整箱整匣的書畫古物宗器，逐件翻檢摩挲，每一件東西的來歷，她都所知甚詳，都能引起她的回憶。往事歷歷在目，甚至她還能從每一件東西上觸到丈夫手指的溫度。

這正是「乍暖還寒」之時，收拾東西累了，安歇片刻的當下，她想起丈夫離別之語，從那不多的話裡，她感到了深深的不安。一旦局勢有變，這些東西又將歸於何處？滿心惆悵的她，不由得感到孤獨難禁。而不時傳來的一日緊似一日的消息，更是令人徹夜難眠。此一時安在？彼一時又安在？而恰恰是這樣的時刻，丈夫卻不在身邊。丈夫不知何時返回，亦難預料後面有什麼未知之事降臨。李清照心裡無奈地想，她也只能是勉力而為了。

李清照獨自在家，沒有子嗣的一個婦人，心境之寂寥惶惑可想而知。黃昏時分在小院踱步，小院裡愈是有著空寂之感。

春日還在，卻是太短。李清照在孤寂中忙於收拾料理，還沒有來得及看顧，春色不經意間就要匆匆離去了。而更令人愁腸難抑的是那偶爾落下的惱人雨水，亦是不早不晚，在人煩悶之時，飄然而至。大雨傾盆，「呼啦啦」下來，來得快，去得也快，未及憂愁，雨水就痛快地過去了。而星星點點的雨，似有似無的，一滴一滴打在將殘未殘的花朵上，卻是令人難以忍受。這一而再、再而三的散漫無邊的煎熬何時能了。她長長歎了一口氣，因為這雨，本來就要離去的最後一點春意，走得更快了。

李清照寫下了〈點絳唇〉一詞：

寂寞深閨，柔腸一寸愁千縷。惜春春去，幾點催花雨。　倚遍欄干，只是無情緒。人何處？連天芳草，望斷歸來路。

我們不知道這闋詞是否寫於青州庭院，但這卻彷彿是她此時在青州的真實寫照。趙氏老宅，自然是清雅宜人，但似乎因其清雅，反而格外令人寂寥無主。

丈夫不在身邊的日子裡，為了壓抑孤寂無聊，李清照萬事不問，埋頭整理書畫古物，登記造冊，分別揀選裝箱，以備突然之變。困倦乏味之時，她會站在樓上，心緒茫然地扶著欄杆。

四十多歲的李清照，已經有了一些衰老的感覺，殊覺人生苦短，亦是無味。生母在她不到一歲的時候就已去世。那時候她還太小，不知道悲哀，不知道那是永訣。這時候，她忽然想起生母，生母在天之靈會知道她現在的處境嗎？她這樣想的時候，又想起《詩經．蓼莪》：「父兮生我，母兮鞠我。拊我畜我，長我育我，顧我復我。」父親呀你生下我，母親呀你餵養我。你們照顧我疼愛我，養我長大培育我。父親李格非十幾年前已離她而去，繼母也已經往生，弟弟李迒人在他鄉。而眼下她最需要依靠的丈夫，卻又遠在江寧。

無邊思緒間，佇立許久，以至於腳都麻木了。是愁是哀，她竟然不知要想些什麼，可以想些什麼，只是覺得不想也罷。罷罷，世事如煙，倏忽即可消散，真的是可以萬事皆休，事事皆休了。

挪動一下站立許久已經痠麻的腳，她扶著欄杆，目光越過院子的圍牆，只見遠路依稀，芳草連綿。她一直望向遠處，望向再也看不見的地方。那看不見的地方，是哪兒呢？

她又低下頭，忽然想問問自己，自己身在哪兒呢？

是呀！自己身在哪兒呢？

家在哪兒？

國又在哪兒呢？

四

趙構登基為皇帝後，宰相李綱和東京留守宗澤堅決主張抗戰。宗澤還上書，請趙構勿聽信奸邪，為社稷存亡，應決策回汴京，恢復舊都。

李清照聽到這些消息，很是欣慰，一度以為趙構會採納宗澤的建議，下決心回到汴京，重整社稷。

建炎元年（一一二七年）八月，朝中傳來消息。以中書侍郎黃潛善、知樞密院事汪伯彥為代表的主和派主張：「汴京已經是金人蹂躪剩下的殘餘，不必再考慮回去」，而「東南地區經濟富足，才是可以禦敵之處」。趙構聽從了主和派的意見，並為壓制主戰一派，罷免了李綱的宰相職位。

過了幾天，朝中再度傳來消息，為了徹底壓制主戰一派，趙構竟然下詔，將上書力陳朝廷、祈求恢復李綱相位的太學生陳東、布衣歐陽澈押赴刑場斬首。

午時三刻，正是豔陽高照、陽氣上升之時，本可以為國效力、為民解憂的壯士，無緣殺敵，卻反而死在宋室的刀下。

聽聞此訊，李清照端著酒杯的手顫抖著，酒杯到了口邊，卻又放下。放下，又端起，手一直在顫抖，以至於一杯酒都灑盡了。

桌上的菜，已經涼了，熱了又端上來。李清照幾乎一口沒有吃。過了一會兒，她推開碗碟，端起酒杯走到庭院裡。雖然還是秋天，李清照卻是感到寒風四起。

七月十五的中元節剛剛過去，李清照要給陳東、歐陽澈二位壯士補過一個中元節。她用桑葉鋪襯了桌面，用葛黍苗、麻苗、粟苗做成的麻谷窠兒繫在桌子腳上，點亮了燈籠，召喚著二位壯士的魂魄。她知道二位壯士被問斬，該是無人敢於祭祀。甚至是二位壯士的家人，恐怕也會因為畏懼朝廷的淫威，只能悄然灑淚。悲憤難抑的李清照，站立中庭，仰空而望，將新斟的一杯酒雙手舉起，徐徐灑下。

李清照在中庭站了許久，一動不動，木石一樣。

五

這年八月，趙明誠再任江寧知府。

李清照則按照趙明誠的吩咐，把所藏之物揀了又揀，書、畫、器物精挑細選，仍是裝了十五車，前往江寧。

隨身攜帶的，自然少不了趙明誠最為珍視的蔡襄〈趙氏神妙帖〉。李清照離開青州不久，這年十二月，青州被金人攻陷，故宅十餘間屋子所藏的書冊都在戰火中化為灰燼。

見到妻子，趙明誠放下心來。李清照講了路上遭遇到盜賊的事情，以及如何捨棄一些財物，才保住了〈趙氏神妙帖〉。趙明誠感慨不已，當晚，他為此帖作了跋語。

晚上，李清照獨坐，沉思無語。她知道金人的虎狼秉性，此一時的滿足，不過安歇一時，有這樣的虎狼之欲，宋室大局就仍在變動之中，說不定哪一天金人會捲土重來，再一次向南逼迫。江寧若不守，朝廷就只能南渡臨安（今浙江杭州）了。

趙明誠知道妻子在想些什麼，於是說：

「咱們也得早做打算。不比人家，金銀細軟帶走即是。那些古物書冊，得盡早打算。」

再往下的話，趙明誠不說了。

李清照知道他的意思，朝廷的事情，臣下是不能多說的。

這一年，李清照已經四十五歲了。因為戰亂而流離失所，她心裡對朝廷是有抱怨的，為什麼不能抵抗，而是一味南逃。說是南渡，其實就是逃亡啊。

一天，她研墨按紙，將去年一個大雪天，出城探雪間所得的兩聯詩句，再次斟酌修改後，寫在紙上，置於客廳几案上，並期望丈夫能夠賡和一聯。

南渡衣冠少王導，北來消息欠劉琨。

南來尚怯吳江冷，北狩應悲易水寒。

趙明誠對李清照寫這樣的詩句，自然是有所不滿的。他甚至以為這樣是犯上，擔心會引發禍患。李清照見趙明誠沒有賡和，知道丈夫在這一點上跟她觀點不同。

看著丈夫，李清照心裡默默想：

「我不過是在詩裡暗示對北方淪陷的悲歎，期望當朝能有像東晉王導、劉琨那樣的人物，面對山河破碎，神州陸沉，能夠挺身而出，力挽狂瀾於既倒，救黎民於水火之中罷了。這有什麼錯呢？」

於是她對丈夫說：「孟子早就說過『民為貴，社稷次之，君為輕』，我這樣寫又有什麼不對的呢？」

趙明誠無言，轉身出去。可他臨出門的一瞬，還是甩回一句話：「孟子是孟子，朝廷是朝廷，連這個道理你都不懂嗎？」

六

建炎三年（一一二九年）三月，趙明誠因御營統治官王亦謀變一事處置不當，被免去江寧知府，夫婦二人離開江寧。

趙明誠決定乘船先到蕪湖（今屬安徽），再進入姑孰（今安徽當塗），打算在贛水（今江西贛江）一帶尋找一處地方暫且安身。與李清照心緒全然不同的是，趙明誠雖則離開，但他心裡卻是一直期待著朝廷的再次起用。

不多時日，二人自江寧乘船到了蕪湖，要經過烏江。

烏江邊有項王廟，李陽冰篆書題匾額曰「西楚霸王祠」。趙李二人自然熟知《史記．項羽本紀》，《金石錄》卷七亦有趙明誠撰寫的〈唐西楚霸王祠堂頌〉一文。路過烏江，李清照感慨萬分，觸景生情。楚漢之戰，成則王侯敗則賊，李清照不認同這種看法。望著滔滔江面，她想起之前為項羽寫的一首詩〈夏日絕句〉，瞬間脫口而出，心底無從發洩的積鬱，終於有機緣痛快一吐：

生當作人傑，死亦為鬼雄。
至今思項羽，不肯過江東。

在她的眼裡，時下太學生陳東、布衣歐陽澈這樣的人，方當得起這「鬼雄」之名。面對烏江的隆隆濤聲，李清照想起被誅殺的兩位壯士，彷彿再一次聽到了他們在豔陽高照之下，人頭落地的聲音。沉重、鋒利的刑刀沒有揮向敵人，卻落在了兩位壯士的脖頸上。李清照感到悲哀和絕望。

七

建炎三年（一一二九年）五月，他們夫婦剛剛抵達池陽（今安徽池州），趙明誠卻得到派任為湖州太守的消息，要他到行都建康（今江蘇南京。北宋時叫江寧，南宋建炎三年五月改名為建康）去朝見皇帝。趙明誠嘴上沒說什麼，心裡卻是暗暗高興的。他覺得這才是他真正的家國大業。為了盡速抵達建康，趙明誠匆忙將李清照安頓在池陽，獨自從陸路赴召。

一路水上行舟，二人攜帶了大量書畫古物還有宗器，趙明誠匆忙赴任，二人甚至都沒有時間商量如何安頓這些東西。

李清照沒有因為丈夫的赴任而有絲毫的欣喜。十幾年來，夫婦離離合合，戰事時緊時鬆，前路難料，李清照已經對塵世有些厭倦了。

心緒惡劣的李清照，看著面露喜色、急欲赴任的丈夫，焦急地大聲追問：「假如聽說城裡局勢緊急，我該怎麼辦呀？」

趙明誠聽見李清照的呼叫，轉過身來，遠遠地回道：「跟隨眾人吧。實在萬不得已，先丟掉包裹箱籠，再丟掉衣服被褥，再丟掉書冊卷軸，再丟掉古董，只是那些宗廟祭器，必須抱著背著，與自身共存亡，別忘了！」

趙明誠打馬疾馳而去，小路上塵土騰起，追隨的僕人，也騎著馬在後面緊追不捨。待一行人遠去，塵土緩緩落下後，李清照望著寂靜蜿蜒的小路，心裡問道，可是我呢？那些書冊卷軸古董、那些宗廟祭器固然重要，可是，要是我不在了，你的這些東西又能安在嗎？

八

趙明誠赴建康朝見皇帝，欲往湖州上任。建炎三年七月七日，獨居池陽的李清照寫下了一闋〈行香子〉：

草際鳴蛩，驚落梧桐，正人間、天上愁濃。雲階月地，關鎖千重。縱浮槎來，浮槎去，不相逢。

星橋鵲駕，經年才見，想離情、別恨難窮。牽牛織女，莫是離中。甚霎兒晴，霎兒雨，霎兒風。

「草際鳴蛩，驚落梧桐」，李清照是以梧桐自比。草蟲嘶鳴，是感到了寒氣，梧桐雖是草木，也一樣能感受到逼近的秋意。其實，在她這裡，這歲月哪裡僅僅是秋意，儼然堪比寒冬了。冷寒過後會春暖，而她心裡的冷寒，卻是難以過去。

但埋怨歸埋怨，趙明誠依舊是自己的夫君，是她在茫茫人海中唯一的倚靠。她在等丈夫的信，等他一切平安的消息，等他安頓好了，好攜帶著這些東西前去跟他相聚。

可李清照萬萬沒有想到的是，趙明誠冒著酷暑趕路，路上就生病了，到建康就已經病重。七月末，李清照得到了丈夫病重的消息。尤其讓人焦急的是，趙明誠是性子急躁的人，本來朝見皇帝後就要去湖州赴任，這時候生了病，一定會燥熱，燥熱之下，他可能會服食一些寒性的藥，這樣就糟了。家中收藏的《神農本草經》、《新修本草》這些漢唐人的醫書，李清照自然看過，不唯草木藥性，可能一些常用的方劑、配伍也是明白的。她擔心的是丈夫萬一不聽信大夫的診治，以一己之見胡亂服用「柴胡、黃芩」這些寒涼之藥，那就有大危險了。

李清照一刻也不敢耽擱，趕緊僱船，一天一夜走了三百里。及至到了建康，辨識了煎煮在瓦罐裡的藥，她驚慌地看見裡面果然有柴胡、黃芩，且用量頗大；再看看丈夫的脈息氣象，她知道已經病入膏肓，已經到了藥力難以奏效的程度。

趙明誠起身都困難，他掙扎著取來紙筆，寫下一首詩就嚥氣了，沒有留下別的遺囑。

這年，趙明誠才四十九歲。

將丈夫安葬後，李清照舉目茫然，含淚寫下了〈祭趙湖州文〉，其中有這樣的句子：「白日正中，歎龐翁之機捷。堅城自墮，憐杞婦之悲深。」李清照是在說，你已經像龐翁那樣脫離俗世而去了，而我就像那位因為丈夫戰死向城而哭，城牆都為之崩塌的杞婦，只能獨守悲傷。

不久，李清照在淒苦無助中寫出了她的千古絕唱〈聲聲慢〉：

尋尋覓覓，冷冷清清，淒淒慘慘慼慼。乍暖還寒時候，最難將息。三杯兩盞淡酒，怎敵他、晚來風急？雁過也，正傷心，卻是舊時相識。滿地黃花堆積。憔悴損，如今有誰堪摘？守著窗兒，獨自怎生得黑？梧桐更兼細雨，到黃昏、點點滴滴。這次第，怎一個愁字了得！

西風惡

一

安葬了趙明誠，日夜操勞、憂心的李清照，急火攻心，也終於病倒了。如果說丈夫的突然病亡讓毫無準備的李清照幾欲崩潰，而掩埋、祭奠了丈夫，身邊忽地死靜一般，卻讓李清照漸漸回過神來，苦澀瀰漫，這會兒她才真正知道她過去的生活，已經一去不復返了。

孤身一人的李清照，常回憶起跟趙明誠結婚以來的點點滴滴。他們相伴讀書，相互唱和。在一起的日子雖然有苦有甜，但現在想起的多是溫馨的片段。

她想起曾寫過的那首〈如夢令〉：

昨夜雨疏風驟，濃睡不消殘酒。試問捲簾人，卻道海棠依舊。　知否？知否？應是綠肥紅瘦。

有一天晚飯後，二人閉了門。有心的李清照早已囑咐廚房留了幾碟「按酒」。趙明誠的「按酒」是算籌形狀的醃肉和臘蝦之類，李清照卻嫌這些食物「粗夯」，她喜歡的「按酒」，是桃圈、梨條、煎雪梨、柿膏兒、黨梅這些蜜餞。

二人依著酒令飲酒。不知不覺間，夜已經深了。李清照雖然比丈夫多喝了很多杯，但似乎還沒有喝夠。

第二天早上，濃睡一夜的李清照起來，見丫鬟正捲起簾子，她忽然想起昨夜的風雨，憐惜地問道：「昨夜颳風下雨，外面那些海棠怎麼樣了？」

丫鬟還沒顧上回答，正在窗前站著的趙明誠沒有多想，也沒有認真看看海棠究竟怎麼樣了，順口就說：「海棠依舊呀！」

李清照沒有出聲，心裡卻在想：「粗心的夫君呀！你哪裡知道我這話的弦外音、味外味。紅顏易老，看似風雨無事，那些海棠一定是綠肥紅瘦，不堪再看了。」

李清照洗漱完，卻不急著吃早飯，而是伏在案上，匆匆把這闋詞寫了出來。

趙明誠看了，覺得這闋詞看似平淡，卻於平淡之處陡然出新，不由得歎服。歎服之餘，他又體味到李清照的言外之意，於是笑著對她說：「綠可肥，紅不能瘦呀！」

二

李清照還想起當年因為「元祐黨人」一案，父親李格非被罷黜，而趙明誠雖無奈，卻不能施以援手，這件事在李清照心裡留下了一道陰影。夫婦身心相連，日則同行，夜則同宿，李清照寫下的那首「救父」詩，不僅是對公公有埋怨，其間也隱含著對丈夫的一絲失望。

而這之前不久，沉溺於愛情的她還為丈夫寫下了一闋堪稱嬌豔的詞：

賣花擔上，買得一枝春欲放。淚染輕勻，猶帶彤霞曉露痕。　怕郎猜道，奴面不如花面好。雲鬢斜簪，徒要教郎比並看。（〈減字木蘭花〉）

沒想到她對丈夫深深的愛，卻是換來了失望。

夜深了，丈夫已經睡去。久久不能入睡的李清照起來，坐在桌前，看著她寫的這些濃情蜜意的詞，落下淚來。

她不敢驚動已經在睡夢裡的丈夫，只是悄悄將這些詩箋撕碎。她知道，第二天早上丈夫起來，是能夠看到這些被撕碎了的詩箋的。撕碎了的詩箋，就是她的無聲埋怨。

就算現在想來，李清照內心仍有幾分悲慼。她無處排遣，只得一首接一首寫詞。

三

崇寧五年（一一〇六年）的場景又浮現在眼前。

李清照從丈夫的信中得知，近來朝廷對元祐黨人的追究有所放鬆。形勢的好轉，讓憂心「未必明朝風不起」的李清照略略有所寬慰，覺得父親的出頭之日不遠了，她回汴京的日子應該也不遠了。

但是趙明誠比較謹慎，他希望李清照晚一些時候再回來。趙明誠的勸阻，自然是有著他的想法，但李清照覺得有些委屈。

她接連寫了幾首詞，隨口念出了這首〈小重山〉：

春到長門春草青。江梅些子破，未開勻。碧雲籠碾玉成塵。留曉夢，驚破一甌春。

花影壓重門。疏簾鋪淡月，好黃昏。二年三度負東君。歸來也，著意過今春。

她覺得自己那時候的心情，就像漢武帝時失寵後住在長門宮的陳皇后阿嬌一樣，苦澀憂鬱。

一會兒，又念出了那首〈多麗〉：

小樓寒，夜長簾幕低垂。恨蕭蕭、無情風雨，夜來揉損瓊肌。也不似、貴妃醉臉，也不似、孫壽愁眉。韓令偷香，徐娘傅粉，莫將比擬未新奇。細看取、屈平陶令，風韻正相宜。微風起，清芬醞藉，不減酴醾。

漸秋闌、雪清玉瘦，向人無限依依。似愁凝、漢皋解佩，似淚灑、紈扇題詩。朗月清風，濃煙暗雨，天教憔悴度芳姿。縱愛惜、不知從此，留得幾多時。人情好，何須更憶，澤畔東籬。

念著念著，她的眼淚不由得流了下來，打溼了衣襟。當時的她心裡深愛趙明誠，唯恐自己也像漢皋解佩、秋之紈扇一樣被遺忘了。

但是那時驕傲的她怎麼會直接說出口呢？

四

為了躲避金人的繼續南侵，李清照打算將趙明誠遺留之物暫時送往洪州（今江西南昌）親戚家。

行前，她再一次去祭奠匆忙甚至是近乎草草安葬的丈夫。

這一次啟程，她不再焦急了，亦沒有可以令人焦急之事。一顆提著的心終於落下了，儘管是落向了無底的深淵一般。可一個人若是覺得萬事皆可休，深淵也就深淵吧。無非是落，落下去罷了。反正這個落，終究會有到底的時候。

舟行水上，入夜了，月亮也似疲倦了，好多天沒有能夠安心睡一覺的李清照，在船艙裡終於沉沉睡去。這一段時間太累了，心如枯槁的她，幾乎只是麻木地做著一切，麻木地看著丈夫入土。痛苦之極的她，已經無淚可流，似乎也已經無從痛苦了。

這一夜，李清照睡得好沉。迷濛之中，好像天快亮了，她覺得自己似乎是在一個夢中，還是聽見了，真的聽見了，蒼天之上，她看見了什麼，也有什麼聲音在問她。

她終於醒了。醒來後，久久佇立在船頭，江面上滿是曉霧，她悵惘地望著連接著曉霧一直瀰漫到天際的雲，浮想聯翩間，又想起夢裡的情景。

在這個夢裡，李清照佇立許久，看著雲濤綿綿不斷，起而伏，伏而起。雲霧渾然湧動間，是人間又似乎不是人間。可雲間究竟是哪兒，是誰也不知道的。星河間似有千帆，似雲霧也似千帆，似千帆也似雲霧。似夢亦不是夢，似夢非夢間，李清照似乎聽到了天帝的問候：你這人間的女子，欲往何方呀？

是呀！我這人間的女子，真的是欲往何方呀？李清照想想，其實是想不明白的。恍惚間，她想起了自己寫過的那闋〈漁家傲〉：

天接雲濤連曉霧，星河欲轉千帆舞。彷彿夢魂歸帝所，聞天語，殷勤問我歸何處？
我報路長嗟日暮，學詩謾有驚人句。九萬里風鵬正舉，風休住，蓬舟吹取三山去。

丈夫去了，書冊古物需要費心保留，《金石錄》也還需要整理。而更為緊要的是「學詩謾有驚人句」，我還能寫詩填詞，那亦是我的命呀！我命不亡，難道是天帝你的意思嗎？

這一路，李清照的心情是極為複雜的。丈夫突然去世的時候，李清照是絕望的，但是冷靜下來，想想自己今後的日子該如何過下去的時候，她才真正感到了可怕。

五

趙明誠去世大半年之後，第二年的春天來了。李清照沒有精神出去賞春。往年，她可是一入冬下了雪就期盼著春天的。

眼下，她只是隔著窗欞看著庭院裡的各樣花木悄然鼓起的花蕾，看著初綻的嬌嫩的花，也看著帶著些許寒意的春風微微吹著它們。現在的她覺得，春風是有著一絲寒意的，那一絲春寒裡也會風吹花落。初春的花蕾，確是太嬌嫩了。

看著院子裡的草木，她徘徊著，出口吟誦：

風定落花深，簾外擁紅堆雪。長記海棠開後，正傷春時節。　　酒闌歌罷玉尊空，青缸暗明滅。魂夢不堪幽怨，更一聲啼鴂。（〈好事近〉）

才綻開的嬌嫩春色，春風也是可以一吹而去的。風住了，階下的落花卻鋪了薄薄的一層。尤其是嬌豔的海棠，哪裡禁得住這風吹啊。春色美，春色也傷人。愈美豔的花朵，愈是惹人心碎。花是紅顏，人亦是紅顏，都是怕老的。這時，李清照覺得自己的一生似乎就要終結了。恰恰在這深深的感慨裡，「更一聲啼鴂」，春色尚不濃，這催春之鳥，追著春風，要催促春天趕緊去了。

春天過去，似乎轉瞬就是初秋了。閏八月的一天，忽然傳來消息，那一批暫存在洪州的趙明誠遺物，被御醫王繼先盯上了。他出價三百兩黃金，要購買這些器物。李清照惶惑之間不知如何是好，趙明誠的姨表兄弟謝克家卻不知從哪兒知道了這件事，由於他的干預，才制止了王繼先的貪婪覬覦。

金兵一路南下，勢如破竹。趙構也一路向南，宋兵卻是節節敗退。府州縣吏撤換了一個又一個，卻都沒能抵禦金人的鐵蹄。李清照也跟著終日惴惴不安。

不久，外面傳出謠言，說是趙明誠曾經私下給金人贈送過玉壺，有通敵嫌疑。為了自身的安危和保全趙明誠的遺物，也為了清除外面的謠言，建炎四年（一一三〇年），李清照攜帶著一些丈夫的遺物，試圖追上逃亡的趙構，進獻文物以表忠貞。李清照數次輾轉追趕，每每都差一步，一直追到溫州、越州（今浙江紹興），才追上了趙構。

居無定所的她，身心憔悴。更令人揪心的是，她攜帶的器物書畫，時常會引起樑上君子的光顧。

在越州時，她當時租住在一戶鍾姓人家。一天夜裡，存放東西的那間屋子竟然被人挖了一個大洞，五箱東西被盜。

李清照想起，前幾天有個叫鍾復皓的鄰居經常會有意無意地向她打問書畫的事。失竊之後，這個人卻是有意迴避她一樣，幾天都沒有消息。

她知道失竊的事必然與這個人有關，但在當時，即使是報官也未必會有人來管。甚至，還可能暴露更多東西，引來更多的麻煩。

過了幾天，這個姓鍾的人來看她，聽李清照說起東西的失竊，裝作一副驚訝的樣子。李清照雖然心急如焚，卻知道必須裝作不慌不忙的樣子。為了收回那些東西，她放出口風：

「盜賊不過是想要一點錢財。這亂世，他們弄到這些東西，也變賣不了。你對這兒比較熟悉，辛苦幫我打聽打聽，如果有人知道這些東西的下落，幫我要回來，我會重賞的。」

果然不出她所料。過了幾天，這位叫鍾復皓的鄰居就帶著十八軸書畫前來求賞，說是好不容易在哪裡偶然見到，花了不少錢才贖回來的。這其中，就有趙明誠特意交代的那件蔡襄的〈趙氏神妙帖〉。

幾次古書畫的焚燬、失竊，使李清照意識到，在這個混亂無序、歹人橫行的世道裡，自己一個孤寡無依的弱女子，不僅難以生存，丈夫遺留下來的那些東西，尤其是他特別提起的幾件要緊之物，難免會有閃失的一天。

六

建炎四年（一一三〇年）十一月，朝廷放散百官，李清照無處可去，惶然間去了衢州。紹興二年（一一三二年）春，經過幾年羈旅顛簸的李清照到了臨安（今浙江杭州）。弟弟李迒正在這裡。姊弟在臨安相見，李清照很是寬慰。

李迒見到姊姊李清照，覺得姊姊昔日的神采都不見了。可是，他不敢也不能說出來。姊姊出嫁之後，李迒很少有機會見到她。他們雖然是同父異母，可是姊姊跟他卻毫無嫌隙，十分親密。

李清照看著弟弟，她知道現在弟弟是她唯一可以託付的親人了。幾年的勞頓，令她蒼老了很多，現在終於可以有一個安心歇息的地方，雖然只是暫時的。當然，她也知道：「梁園雖好，終非久留之地。」

幾個月之後，李清照忽發急病。大夫診了脈息，知道她的病因是心累，亦是絕望，心死一般的絕望，只能寬言安慰。

病榻上的李清照，茶飯不思，後來，甚至連續幾天滴水不進。高燒不退中，她有時候夢囈般地大喊：「德甫！德甫！救我！」

李迒看著姊姊，六神無主，一度以為姊姊將不久於人世了。無奈之下，他甚至命人預備了姊姊的後事。

棺材和入殮的灰釘都準備好了，李清照的病情卻穩定了下來。

一個多月以後，大夫再次診視，開了方子，對李清照說，慢慢養息，不會有大礙了。

七

李清照大病痊癒的時候，已經是秋天了。

沒有睡意的她，望著窗外，斗轉星移，夜色更深了。這時候是該安眠的，可是她沒有睡意，知道躺下也睡不著。昨夜的枕簟是涼的，淚水打溼了的枕簟未曾乾，又落了淚，於是更溼更涼了。索性還是不睡了吧……可還是睡下吧。弟弟知道了，也是要擔心的。

枕邊，擱著那件一直捨不得丟棄的衣裳，那還是趙明誠在世的時候，他特意在汴京找最好的裁縫做的。睹物思人，她的手摩挲著這件衣裳。衣裳已經舊了，可是她看著看著，覺得那翠色的絲線繡成的蓮蓬比以前顯得小了，金色的絲線繡的蓮葉也沒有先前那麼茂盛，看起來稀稀落落的。是因為燈燭昏暗嗎？不是。是因為衣裳舊了嗎？也不是。

這舊時的衣裳還在，舊時的家卻是永遠沒有了。李清照淚眼婆娑，鋪開紙，寫下了〈南歌子〉：

天上星河轉，人間簾幕垂。涼生枕簟淚痕滋。起解羅衣，聊問夜何其。　翠貼蓮蓬小，金銷藕葉稀。舊時天氣舊時衣。只有情懷，不似舊家時。

對李清照來說，難解的事情太多了。她一個女子，兵荒馬亂的年代，實在無力應對那麼多的事情。

年近半百的李清照，既無一男半女在身邊照料，又不能長久跟弟弟住在一起，思慮之下，李清照想，也許再嫁，才是唯一可行的辦法。

這時候，李清照已經為趙明誠服喪二十七個月，過了服喪期。而神宗執政年間（一〇六八～一〇八五年）曾經禁止「命婦」再嫁的法令已經取消。

這時候，一個叫做張汝舟的人出現了。張汝舟當時擔任右奉承郎監諸軍審計司，主要負責檢查核准軍隊糧草與俸祿，品級不高但生活無虞。

思慮再三，李清照答應嫁給張汝舟。

她將趙明誠留下的最為緊要的東西，放在箱子裡鎖好，囑託僕婦看管，以待將來看情形再行處置。那幾把鑰匙，她則始終不離身。按照宋朝的法律，這些東西是屬於趙明誠的，而趙明誠去世後，這些家產則屬於趙氏家族，一個沒有子嗣的寡婦是不能將這些東西帶走的。

趙明誠的收藏，即便在當時不算天下第一，也算是收藏大家。張汝舟肯定是知道的。婚後，張汝舟有意無意會問起這些東西，想要看看這些收藏。

李清照對此事沒有留下商量餘地，也就是說張汝舟不能過問此事。張汝舟有時惱羞成怒，便對李清照施以拳腳。

李清照沒有想到，婚後不足百天，她就實在無法忍受身邊這個俗不可耐的人。她對再婚後的生活充滿厭惡，再也不願跟這個人多生活一天。

她決計跟張汝舟離婚。

八

李清照當然知道，離婚需要理由。宋代對丈夫休妻做了限制，更限制妻子提出離婚，除非夫家對她惡意侵犯。一時之間，李清照找不到可以跟張汝舟離婚的理由。

「你要告我什麼呢？」張汝舟得意洋洋。

李清照轉過身去，她愈來愈不願意看見他那張隨著囂張氣焰而愈顯得醜陋的臉。她也不能原諒自己的糊塗，覺得遭罹此難，真是咎由自取，天不可赦。

李清照忽然想起來，有一天，張汝舟得意忘形地誇口說，他曾經「妄增舉數入官」。當時，朝廷規定，達到特定年齡，數次考進士不中的人，經由上奏，可以由皇帝特許而做官。張汝舟可能是弄虛作假多報了考試次數才當上官。

李清照拿定了主意，就用這個理由提起離婚。她自然知道宋代的律法，妻子告發丈夫，即使丈夫罪行屬實，也算是逆行，要判處兩年徒刑。面對兩年的牢獄之災，李清照還是痛下決心，決定告發張汝舟「妄增舉數入官」的罪行，同時提出離婚。

才情超絕的女詞人，跟終於暴露了小人面目的張汝舟一起對簿公堂，是羞愧難言，無地自容的。不脛而走的消息，很快傳到了當朝翰林學士綦崇禮的耳朵裡。

綦崇禮是趙明誠的遠房親戚，聞聽此事焦慮萬分。他當時甚得皇帝寵信，對李清照的困境，豈有不出手之理？於是他上奏章為李清照求情。由於皇帝親自過問，張汝舟被撤職流放。而李清照在獄中被關押九天之後，得以回到家中。

大難蒙恩，李清照對綦崇禮萬分感激。

她寫信給綦崇禮，一方面要表達謝意，一方面向綦崇禮訴說了這幾年顛沛流離的生活。寫下「近因疾病，欲至膏肓。……信彼如簧之舌」時，李清照忍不住流下了眼淚。她寫到「遂肆侵淩，日加毆擊，可念劉伶之肋，難勝石勒之拳」時，已然泣不成聲。她索性放下筆，走到窗前，任帕巾溼透。穩定了情緒，李清照坐下來把信寫完：「感戴鴻恩，如真出己。故茲白首，得免丹書。……忝在葭莩，敢茲塵瀆。」寫完信，心中的苦悶都倒出去了，李清照覺得舒服多了。

暮色蒼茫

一

紹興三年（一一三三年），李清照已經五十歲了。孤獨一人的她，雖然偏居一隅，但是依舊關心時局的變化。這年，發生了一件大事，就是春夏間朝廷要派韓肖胄和胡松年作為特使，去探望被俘押在金國的徽宗趙佶和欽宗趙桓。

韓肖胄和胡松年是李清照父親的舊識。但是，父親故去後，她多年沒有機緣見這兩位前輩了。兩位前輩的人品見識她是久有聽聞的，雖然她知道此一行必然艱難，無異於與虎謀皮，但她堅信兩位前輩必定會不辱使命。想到這兒，她一個弱女子，沒有上馬殺敵之力，也沒有能力拯救被不斷踐踏的「土地非所惜，玉帛如塵泥」的黎民百姓。但是寫幾首詩壯行還是可以的。

從乞求公公救父的那首詩開始，她就已經懂得了文字的力量。於是，就有了她的〈上韓公樞密、工部尚書胡公〉詩二首。

長達八十六行的詩，將壅塞在她心頭的積鬱噴發而出。

她在詩的結尾寫道：

子孫南渡今幾年，飄零遂與流人伍。
欲將血淚寄山河，去灑東山一抔土。

整首詩，李清照寫得十分順暢，沒有一絲滯礙。寫罷了，她也似乎虛脫了，冷汗淋漓，像得了大病一樣。

不久，李清照的詩迅疾傳播開來。

兩位大臣就要出使金國了，她知道在他們出使之前，一定會讀到這兩首詩。

除了詩，她還在詩的前面寫了一個小序，大意如下：

「紹興癸丑五月，樞密韓公、工部尚書胡公出使金國。我的祖父父親都是出自韓公門下，但今天家世變故，我已經是尋常百姓，不敢去打擾拜訪。雖然貧病，但仍舊關心時局。知道這樣的消息，還是不能忘記要說幾句話。這裡作古詩、律詩各一首，以寄去我的心意，等待采詩的人採集呈上。」

她的這兩首詩，是壯行，也是期待。她等著兩位大臣帶回好的消息。她也相信，這兩首詩一定會被朝廷采詩的人記錄而流傳下去。

二

紹興四年（一一三四年）九月，金人及偽齊合兵南下，形勢再度告急。李清照急忙投奔當時在婺州（今浙江金華）任太守的趙明誠之妹婿李擢。

顛沛流離，惶惶不安，和平年代的人很難想像那種日子人們是如何度過的。

這些年，李清照已經習慣於這樣的生活了。漂泊的時間久了，也就聽之任之，隨遇而安了。

在婺州的日子，為了消解寂寞，李清照除了作詩填詞，她還將當時流行的「打馬」遊戲加以總結，著有《打馬圖經》一卷，詳細介紹了「打馬」的規則、技巧，以及「打馬」的心得。

何謂「打馬」？其玩法至清咸豐年就失傳了，所以至今說法不一。有學者認為「打馬」是一種博輸贏的棋類遊戲，棋子叫做「馬」。按照一定的規則、格局和圖譜，雙方用馬來佈陣、設局、進攻、防守、闖關、過塹、襲敵。

五十一歲的李清照，親友多亡，亦無子嗣，而戰局不利的消息又不斷傳來，她除了偶爾填幾首詞，又能做些什麼呢？她覺得孤苦無依的時候，玩玩「打馬」遊戲，不唯是消遣，也是為了消解胸中的塊壘。

一天，趙明誠的妹婿李擢來看望她。李清照拿出新近填的幾闋詞給李擢看。讓李擢頗覺意外的是，李清照的這幾闋詞卻是氣息沉穩，近乎澄明之境了。而讓他更為驚訝的是，李清照竟然為「打馬」這種遊戲寫了一篇〈打馬賦〉，意思是說：

「……馬隊像群星那樣……行馬像吳江的楓葉悄然飄落，像燕山亂飛的葉子沒有頭緒，（馬）當退居玉門關內，養精蓄銳，以待戰機。有時要出其不備，像昆陽之戰一樣以少勝多；有時要從容鎮定，以義制敵，像涿鹿之戰中一樣。……『馬』在無路可走時，要安心慢慢退回，尋找機會再戰；局勢有利時，『馬』應如日行千里之駒，迅捷佔領敵人的陣地；有時在狹窄的鳥道上，也要驚心飛過；有時則要善於隱蔽，就像螞蟻用土封上穴口……」

李擢讀罷這些文字，不禁站起來，脫口而出：

「這哪裡是遊戲，簡直就是戰場！」

身處家國逆境的李清照寫這些文字的時候，會想到些什麼呢？這哪裡僅僅是遊戲，簡直就是對南宋時局的憂心忡忡，是對家國前途的血淚祈盼，更是祈禱那些壯士英勇無畏地上戰場殺敵，恢復故土家園。

寫這篇「打馬」文字的時候，李清照恨不能為男兒身，或是像是北朝的巾幗英雄花木蘭那樣女扮男裝，穿著甲冑，背著箭囊，帶著兵器，騎上馬去從軍。她恨自己只是一個弱女子，且朝廷一味偏安南逃，她又能奈何！

三

紹興五年（一一三五年）春，李清照卻無心出門賞春，提筆填詞〈武陵春〉：

風住塵香花已盡，日晚倦梳頭。物是人非事事休，欲語淚先流。　聞說雙溪春尚好，也擬泛輕舟，只恐雙溪舴艋舟，載不動、許多愁。

她剛剛放下筆，妹婿李擢即來拜訪。李擢看見案上未乾的墨跡，就知道這是李清照的新作。一讀之下，他似乎想要說些什麼，卻又沒說。他知道這闋詞出筆雖然極為蘊藉，但那裡面是生離之愁、死別之恨。

算了，還是不說這個了。李清照曾跟他說過，想去看看著名的八詠樓。

「今天，我陪您去看看八詠樓吧！」李擢說。

「也好，去看看吧！」李清照笑笑。她自然知道李擢看了自己新作的詞不置一言是什麼意思。

李清照早就知道這座名樓。路上，她對李擢說：

「你知曉這座樓的來歷嗎？」

不待李擢回覆，她又接著說：

「這座樓原來叫『元暢樓』，是南齊隆昌元年（四九四年）沈約任東陽郡太守時建造的。竣工後沈約曾多次登樓賦詩，其中有一首〈登元暢樓〉：『危峰帶北阜，高頂出南岑。中有陵風榭，回望川之陰。岸險每增減，湍平互淺深。水流本三派，台高乃四臨。上有離群客，客有慕歸心。落暉映長浦，煥景燭中潯。雲生嶺乍黑，日下溪半陰。信美非吾土，何事不抽簪。』沈約在此詩基礎上又寫了八首，稱為『八詠』詩。故後人以詩名改樓名為八詠樓。」

八詠樓，樓高數丈，屹立於石砌台基之上，有石級百餘。

李清照登上八詠樓，看著婺江久久不語。婺江兩岸，河山尚好，卻已是破碎。

觀覽許久，李清照在樓上漫步，似乎在想些什麼。李擢知道她也許是有了感觸，在構思腹稿了。

李清照站住不走了，沉吟片刻，陡然想起貫休的一句詩：「一劍霜寒十四州。」於是借景亦借貫休的詩意，作〈題八詠樓〉詩：

千古風流八詠樓，江山留與後人愁。
水通南國三千里，氣壓江城十四州。

李擢聞聲，連拍幾下欄杆，大叫：「好一個『氣壓江城十四州』，比起『一劍霜寒十四州』，更是絕唱！」

但李擢心裡明白，但凡這樣的詩，氣度恢宏之外，亦是難免深藏著難解的悲慟，是一般人所難忍受的於國於家於己的大苦大悲、大愁大痛。

看著李清照轉過身，向八詠樓的另一側走去，李擢心裡默念著：「悲宋室之不振，慨江山之難守。」但他不敢讀出來。

回去的路上，李清照對李擢說：

「還是沈約的詩有意味。也許，真的該將他的那八首詩勒石在這裡，詩與樓交相輝映才好呀！」

李清照不知道的是，她這個想法在五十幾年後實現了。南宋淳熙十四年（一一八七年），八詠樓進行擴建，沈約的八詠詩終於刻了石碑，立在樓上。

四

對李清照來說，也許嫁給趙明誠、保管趙明誠收藏的這些書畫器物即是命運。李清照的後半生，幾乎就是為了趙明誠的這些遺存而活著。

紹興五年（一一三五年），在婺州的李清照再次猶如驚弓之鳥。一天，朝廷忽然「詔令婺州索取故龍圖閣學士趙明誠家藏《哲宗皇帝實錄》，繳進」。意思就是朝廷命令婺州的守官去找趙明誠的遺孀，收繳趙家收藏的《哲宗皇帝實錄》。「收繳」二字，李清照聽到，如同霹靂一般。

建炎元年（一一二七年）朝廷南逃的時候，慌亂之中遺失了《哲宗皇帝實錄》的原本。朝廷不知從哪裡得到密報，知道當年趙挺之參與編修的時候，竟然偷偷抄錄了一份，而這份抄本如今在李清照手上。《哲宗皇帝實錄》被目為冒禁傳寫之物，竊窺、私藏都是犯法。朝廷點名要趙家進繳此書，驚慌失措的李清照只得迅速呈上。

趙明誠留下的這些遺物，隨著李清照的不斷遷徙，隨著焚燬、丟失、失竊、上繳，已經所剩不多了。

紹興二十年（一一五〇年），趙明誠去世二十年之際，李清照檢閱全部遺存，最後手捧兩幀米芾的手帖，若有所思。她知道公公趙挺之對蘇軾、黃庭堅有嫌隙，對蔡襄、米芾則珍惜有加。如今公公和丈夫均已作古，她唯一能告慰於死者的就是將他們最為珍視的書畫收藏好。

想到這裡，李清照決定去拜訪暫居此地的米芾之子米友仁，請他題寫跋語，以作為珍重的紀念。

當李清照來到米宅，呈上米芾二帖的時候，年逾八旬的米友仁百感交集，涕泗橫流。待安靜下來，李清照為米友仁研墨，米友仁沉思片刻，先題寫了〈靈峰行記〉：

「易安居士一日攜前人墨跡臨顧，中有先子留題，拜讀不勝感泣。先子尋常為字，但乘興為之。今之數句，可比黃金千兩耳。」

大意是說，易安居士攜帶她收藏的我父親的字帖來家中。我看了感慨泣下，父親當年隨便乘興寫的這幾句文辭，現在就值黃金千兩了。

接著，米友仁又一氣呵成題寫了〈先人壽詩帖跋〉。

看著年邁的米友仁在案前立定，沉思，題寫，李清照感到真是不虛此行，她想起「功夫在詩外」的話，她知道書法的功夫一樣是在書法之外。不唯書法精妙，言辭簡潔，米友仁超脫塵世的氣度，才是最難得的。這一切給李清照留下了極深的印象。

可惜的是，米芾的這兩幀書法沒有流傳下來，我們是有賴於岳飛的孫子岳珂在〈寶真齋法書贊〉中的記載，才知道歷史上曾經有這樣兩幀手帖，才知道有這樣一段詞人和書家之間的佳話。

五

紹興十三年（一一四三年），李清照六十歲了。她大約於紹興六年（一一三六年）由婺州移居到了臨安。

局勢暫時平穩，偏安一隅的朝廷，為了收攏人心，不時有安撫的舉動，所謂的洪恩浩蕩也降臨到了李清照的身上。她因為曾經是顯赫一時的趙氏家族趙明誠的妻子，朝廷恢復了她的「外命婦」身份，可以享受一些朝廷贍養官員遺孀的俸祿。對李清照來說，改嫁一事，已是終生的憾事，「外命婦」身份的恢復不僅是一些安慰，還可以抵禦一些人的讒言。

晚年生活孤苦，雖然李清照難免會有心如死灰的時候，但真正安靜下來，她回顧這一生，還是不後悔的，即便是與丈夫趙明誠偶爾有齟齬不和，跟世間的男男女女相比較，二人也算是難得的知己。尤其是趙明誠去世之後，獨自一人的李清照還是會不時想起他。他們曾經為了收藏喜愛的東西而不得，夫婦相對，惋惜惆悵好幾天；得到思慕的東西，則相對玩賞同樂。在青州，二人也曾有長達十餘年的相濡以沫。

「外命婦」身份的恢復，使得李清照恢復了一定的社會地位，趙氏家族也偶爾給予她一些接濟。但世事變遷，遠非平安年代，李清照的生活與當年相較是一落千丈了。

李清照手邊，前幾年也許還有一些收藏的東西，但是隨著不斷的遷徙，遺失、各樣人等的巧取豪奪、因經濟困窘而無奈變賣，應該是所剩無幾了。

時光流逝，李清照最後的那些日子，似乎也與趙氏家族漸行漸遠了。經濟的匱乏，使得她只能去租住更為逼仄的宅子，後來竟至於和「引車賣漿者流」雜居一處了。

六

又一年的元宵佳節到了。這之前的除夕，李清照是如何度過的？想來該是獨自一人，至多不過有一個應門的老僕，或者有一個洗衣煮飯的老婦；甚至，乾脆就是她自己一個人。

親友因各樣的人事，也漸漸疏遠了。她亦不願意隨意去打擾別人。偶爾，有人敲門，送來帖子邀約，應門的人早已經因李清照的囑託，一一代她推托了。

一天，她的門又被敲響了。老僕去開了門，原來是一位舊識。這位孫姓的熟人帶來一個女孩兒。女孩不過十餘歲，幾句言談下來，顯得十分聰慧。李清照晚年也曾經想將自己在詩詞方面的才能傳下去，她覺得這個小女孩也許是可造之才。她撫著小女孩的頭問她：

「喜歡讀書嗎？」

她多麼希望這個小女孩就像她小時候一樣，大聲說：「我要讀書！」

可是小女孩卻說：「讀書不是女子的事情呀！」

失望地送走熟人，李清照囑咐老僕把門關好，不再隨意給人開門了。

元宵佳節這一日，李清照聽到外面有車馬轔轔的聲音，到了門口，車停下了，有人敲門。她聽得出來那人是誰。她沒有心境，在那樣熱鬧的節日出門應酬，去說一些無聊的話。在她的心裡，眼下的生活雖則暫時安和，卻難免還會有「次第豈無風雨」的時候。

李清照想起自己小的時候，父親帶著自己上街，看著滿街的人「鋪翠冠兒，撚金雪柳，簇帶爭濟楚」，那是多麼歡喜的時刻呀！想到這兒，李清照低下頭來，想起不知誰說過的一句話：「年難過，年年難過年年過。」

案上的鏡子早已蒙了厚厚一層灰塵，「風鬟霜鬢」，已是不須看了。尤其是外面到處都點著喜慶的燈籠，自己出去做什麼呢？可畢竟一個人是孤獨的，她聽得街上有行人經過，說著什麼，還有人因為什麼笑了起來。她趨近了窗子，想聽聽樓下的行人說些什麼，行人卻走遠了。

李清照轉身坐下，填寫一闋〈永遇樂〉：

落日鎔金，暮雲合璧，人在何處？染柳煙濃，吹梅笛怨，春意知幾許？元宵佳節，
融和天氣，次第豈無風雨？來相召，香車寶馬，謝他酒朋詩侶。　中州盛日，閨門多

暇，記得偏重三五。鋪翠冠兒，撚金雪柳，簇帶爭濟楚。如今憔悴，風鬟霜鬢，怕見夜間出去。不如向簾兒底下，聽人笑語。

七

紹興二十一年（一一五一年），李清照在臨安將《金石錄》三十卷再加釐定，連同趙明誠、劉跂和她本人所做的三篇序言，一同進獻給了朝廷。

那一天，李清照無意之中翻閱《金石錄》，好像見到了死去的親人，因此又想起趙明誠在萊州靜治堂上，把它裝訂成冊，插上芸簽（書籤）、束上縹帶的情景。每天晚上結束工作，趙明誠便校勘兩卷，題跋一卷。這兩千卷中，有題跋的就有五百零二卷。現在趙明誠的手跡還像是新的一樣，可是他墓前的樹木已能兩手合抱了。一念及此，李清照悲傷不已。

感歎之外，李清照在《金石錄．後序》裡對於收藏也有理性的反思：

「唉，自從唐代的王涯與元載遭到殺身之禍以後，書畫跟胡椒幾乎是一樣的貨色；而晉人和嶠所患的錢癖跟杜預所患的《左傳》癖，也似乎沒有什麼區別。名義雖不相同，但各自受到的迷惑則是一樣的呀。」

李清照對於文物的聚散表現出比趙明誠更澄澈的理性智慧。她深知隨著書冊古物的增加，人的迷戀貪婪，也即佛教所謂的「妄想」也會隨之增加。甚至，在這些文字裡面，她還反思了她和丈夫的收藏行為是否荒謬。

她在追問，難道人性之所專注的東西，能夠逾越生死而念念不忘嗎？或者天意認為我資質菲薄，不足以享有這些珍奇的物件嗎？抑或趙明誠死而有知，對這些東西猶斤斤愛惜，不肯讓它們留在人間嗎？為什麼它們得來非常艱難而失去又是如此容易啊！這三十四年來，憂患得失，何其多啊！然而有有必有無，有聚必有散，這是人間的常理。有人丟了弓，便有人得到弓，又何必計較。因此我以區區之心記述這本書的始末，也想為後世好古博雅之士留下一點鑑戒。

李清照的這些話，我們細究起來，可以咂摸出一些弦外之音。

這不是堅持之後的後悔，而是對執著於物癖的深深的反思。

八

紹興二十一年（一一五一年），也許要更晚一些，李清照在臨安另外找到一處閒置的小院。李清照去看了，十分喜歡那個環境，尤其是小院裡種植著的那幾株芭蕉。

下雨的時候，外面「淅淅瀝瀝」，雨水打在芭蕉葉上的聲音，「滴滴答答」的，也似殘荷一樣。

李清照租住這裡以後，就十分喜歡這幾棵芭蕉。

隔窗相望外面的芭蕉，這芭蕉是誰種的？宅子的主人種的？還是更早的主人？那種植了芭蕉的人，於今何在？

三更天了，人無眠，雨卻忽地下了起來。雨打芭蕉，「嘩啦啦」，「嘩啦啦」，一陣緊似一陣；一會兒，似有似無，一會兒，雨水又疾疾落下。疾疾的雨，似乎容易忍過去，可這點點滴滴的雨，一點一滴的，才是最折磨人的。每一點，每一滴，都滴在人的心頭。「北人」習慣了大雨傾盆，下則下，停則停，痛快淋漓。而這點點滴滴的雨中，夜晚愈加顯得漫長無邊。

李清照在這樣的雨夜總是難以入睡，她披衣起身，填了一闋〈添字醜奴兒〉：

窗前誰種芭蕉樹，陰滿中庭。陰滿中庭，葉葉心心，舒卷有餘清。　傷心枕上三更雨，點滴霖霪。點滴霖霪，愁損北人，不慣起來聽。

李清照喜歡坐在門前，看著時緊時慢的雨落下來。雨聲也似詞的音律，細聽是能夠聽出來的。隨著雨聲，李清照吟誦著自己的詞作，那些詞語也浸透了微涼的雨意。

九

秋天到了，連著好多天，一點雨也沒有。很快，蕉葉枯乾了。看著那麼多寬闊的芭蕉葉子閒著無用，她忽然想起懷素在蕉葉上寫字的故事。

李清照從小學習書法，尤其是經過父親李格非的指點，不僅在臨習上下過功夫，而且對書法有著自己的見識。李清照最喜歡晉人書法的風流倜儻、自在無礙。她的書法也是剛柔兼濟，不拘一格。

她摘下一片蕉葉，橫在案上，順勢抄寫了一闋她不久前填的詞〈憶秦娥〉：

臨高閣，亂山平野煙光薄。煙光薄，棲鴉歸後，暮天聞角。

斷香殘酒情懷惡，西風催襯梧桐落。梧桐落，又還秋色，又還寂寞。

抄完這闋詞，李清照覺得有些累了。她也想寫一封書信，她心裡有那麼多的話要說，可是她寫了又能寄給誰呢？

她沉默了許久。過了一會兒，她的臉上似有一絲歡欣，「文章千古事」，也許，還是值得的吧。她相信，她的這些作品一定會流傳下去。

燈燭裡的油已經不多了，燈光昏暗下來，她也懶得起來，再去添一點燈油。

恍恍惚惚中，她睡著了。她做了一個夢，夢見她回到了家鄉明水，見到了父親，還有面目模糊的生母，還有拉著她的手的二伯母。趙明誠也在，只是遠遠站在後面，總也不肯過來。他們一大群人去遊蓮子湖，坐在船上，在荷花之間穿行。她好像說了些什麼，但她也沒有記住。

她睡著了。

這一次，她再也沒有醒來……

李清照生平簡表

一〇八四年（宋神宗元豐七年）

李清照生於濟南府章丘明水鎮。父親李格非為「蘇門後四學士」之一，有《洛陽名園記》等著作傳世。

一〇八四年（宋神宗元豐七年）

司馬光《資治通鑑》成書，神宗以此書「鑑於往事，有資於治道」命名為《資治通鑑》。

一〇八四年（元豐七年）

宋神宗卒。子煦繼位，是為宋哲宗。太皇太后高氏臨朝，用司馬光主政，罷保甲、方田、保馬等法，次年罷免役法，史稱「元祐更化」。

一〇八六年（宋哲宗元祐元年）

罷青苗法。王安石、司馬光先後卒。

一〇八九年（元祐四年）

蘇軾在杭州，時浙西饑荒，他奏請五十萬石救災。又疏浚西湖，以工代賑，築長堤，人稱蘇公堤。

一〇九六年（紹聖四年）

第一次十字軍東征。

一一〇一年（宋徽宗建中靖國元年）

蘇軾卒。軾字子瞻，號東坡居士，與父蘇洵弟蘇轍，合稱「三蘇」。

一一〇三年（崇寧二年）

毀「三蘇」、黃庭堅、秦觀、范祖禹等元祐黨人著作、文字。令郡縣各立元祐黨人碑。

一〇九八年（宋哲宗元符元年）

「學詩三十年」伊始。作〈如夢令〉等詞。

一一〇一年（宋徽宗建中靖國元年）

嫁給太學生趙明誠。李清照父李格非任禮部員外郎，趙明誠父趙挺之任吏部侍郎。作有〈漁家傲〉等詞。

一一〇二年（崇寧元年）

五月，趙挺之任禮部尚書，負責編修史書。李格非被列入「元祐黨籍」。李清照作詩，祈求趙挺之營救父親李格非，有「何況人間父子情」、「炙手可熱心可寒」之句。

一一〇三年（崇寧二年）

趙明誠出任官職，四處尋訪收集古書器物。李清照因黨禍局勢緊張可能暫回原籍。

一一〇四年（崇寧三年）

九月，趙挺之任右光祿大夫。李清照因黨禍局勢變化可能隨時回原籍，時回汴京。

一一〇五年（崇寧四年）

三月，趙挺之任銀青光祿大夫、尚書右僕射兼中書侍郎。六月，趙挺之被免去右僕射，任金紫光祿大夫、觀文殿大學士。十月，趙明誠任鴻臚少卿。

一一〇六年（崇寧五年）

正月，徽宗下令銷毀「元祐黨籍碑」，大赦天下，解除對元祐黨人的禁令。李清照由原籍回汴京。

一一〇七年（大觀元年）

三月，趙挺之去世於京師，享年六十八歲。從這年起，趙明誠與李清照在青州暫居。李清照可能從這年開始作《詞論》。

一一一五年（政和五年）

完顏阿骨打稱帝，國號大金，建都會寧（今黑龍江哈爾濱），是為金太祖。

一一一七年（政和七年）

由全國名醫收集民間經驗良方，選輯「內府」所藏祕方，彙編而成的《聖濟總錄》於本年成書。

一一一九（宣和元年）

金太祖命完顏希尹仿漢人楷字和契丹字，製作女真字。

一一二〇年（宣和二年）

宋金訂立「海上之盟」，議定雙方夾擊攻遼，滅遼後，燕雲之地歸宋，宋將原送遼之歲幣轉送金。

一一二三年（宣和五年）

完顏阿骨打西逐遼天祚帝，病死途中。其弟吳乞買繼位，是為金太宗。

一一一七年（政和七年）

趙明誠為搜集到的兩千種古代碑帖撰文，編輯為《金石錄》三十卷。

一一二一年（宣和三年）

趙明誠任萊州太守。八月，李清照從青州到萊州，途經昌樂，在驛館作〈蝶戀花〉。八月十日，李清照到了萊州，作〈感懷〉詩。

一一二三年（宣和五年）

李清照與趙明誠在萊州靜治堂繼續整理《金石錄》。

一一二五年（宣和七年）

金軍俘遼天祚帝，遼亡。遼宗室耶律大石率部西遷，同年（一說一一三一年）稱帝，仍用遼國號，史稱西遼。

一一二六年（宋欽宗靖康元年）

金兵渡河，圍汴京，京師陷，北宋亡。

一一二七年（靖康二年）

金軍擄宋徽宗、欽宗二帝，以及宗室、后妃等數千人，和樂工、工匠，又掠冠服、禮器、天文儀器、珍寶及皇家藏書北去。史稱「靖康之變」。

一一二八年（宋高宗建炎二年）

宗澤卒。澤字汝霖。宋末任東京留守，修武備，儲糧食，招義軍協助防守，用岳飛為將，屢敗金兵。

一一二五年（宣和七年）

趙明誠任淄州太守。

一一二六年（宋欽宗靖康元年）

夏天，趙明誠在淄西一戶邢氏人家得到白居易手書《楞嚴經》，急忙拿回家和李清照共賞。

一一二七年（靖康二年）

三月，趙明誠因母親去世，赴江寧料理後事。四月，金人攻陷汴京，俘虜了徽宗、欽宗二位皇帝，並押送到金國，北宋滅亡。五月康王趙構在南京應天府即位，史稱高宗，建立南宋。八月，趙明誠任江寧知府。李清照避難南下，攜帶了十五車古書器物，過淮河赴江寧。十二月金人攻陷青州，趙氏青州故宅所藏書冊什物為戰火焚燬。

一一二八年（宋高宗建炎二年）

春天，李清照抵達江寧。三月十日，趙明誠為李清照攜來的蔡襄〈趙氏神妙帖〉題寫跋語。李清照這年作詩，遺留有殘句「南渡衣冠少王導，北來消息欠劉琨」及「南來尚怯吳江冷，北狩應悲易水寒」。

一一三〇年（建炎四年）

金軍破明州（今浙江寧波）、定海（今浙江舟山），高宗逃溫州。韓世忠敗金兵於黃天蕩（今江蘇南京）。前後相持四十八日，迫使金軍退出江南。岳飛襲擊北撤金軍，獲勝，收復建康。

秦檜自金營返，建議與金議和。

一一三一年（紹興元年）

宋以秦檜為相，追贈司馬光等元祐黨人謚號官職。

一一二九年（建炎三年）

二月，趙明誠任湖州太守。三月，趙明誠因御營統治官王亦謀反一事處置不當而被罷免。隨後趙明誠、李清照乘坐舟船經過蕪湖，到姑孰，準備在贛水暫居。四月，趙構到達江寧，五月八日將江寧府改為建康府。趙明誠五月到池陽的時候，被朝廷再次任命為湖州太守。六月十三日，趙明誠與李清照告別，去建康朝見皇帝。七月末，李清照收到趙明誠病重的消息，趕往建康。八月十八日，四十九歲的趙明誠病逝。李清照為趙明誠寫了祭文。

一一三〇年（建炎四年）

正月初二，趙構逃到章安，二十一日又逃到溫州。因為恐懼「通敵」謠言，李清照決定向朝廷進獻古銅器，一路追趕朝廷，十一月到了越州。

一一三一年（紹興元年）

三月，李清照由衢州再次返回越州，租住在鍾氏人家的宅邸。一些書畫古物被盜。

一一三二年（紹興二年）

宋將陳規發明「火槍」，是為世界最早的管形火器。

一一三三年（紹興三年）

金遣使至宋，迫宋以長江為界。

一一三四年（紹興四年）

吳玠在仙人關（今甘肅徽縣東南嘉陵江畔）大敗金軍。

岳飛收復襄陽、隨州、鄧州等。

一一三五年（紹興五年）

岳飛破洞庭湖水寨，殺楊麼。

宋徽宗卒於五國城（今黑龍江依蘭）。

一一四一年（紹興十一年）

宋廷罷岳飛、張俊、韓世忠兵權。宋金議和，史稱「紹興和議」。

一一三二年（紹興二年）

這年夏天，李清照再婚，嫁給張汝舟。九月，李清照告發張汝舟弄虛作假得官，並以此理由離婚。離婚案件中，得到趙明誠的親戚綦崇禮的幫助。事後，寫〈投內翰綦公崇禮啟〉表示感激之情。十一月，向朝廷上繳趙明誠家藏的史書《哲宗皇帝實錄》。

一一三三年（紹興三年）

五月，朝廷派禮部尚書韓肖胄、給事中胡松年出使金國，希望能接回被金人俘虜囚禁的徽宗、欽宗兩位皇帝。李清照作〈上韓公樞密、尚書胡公詩〉寄託心意。

一一三四年（紹興四年）

八月，作〈金石錄後序〉。九月，李清照去婺州。十一月二十四日，作《打馬圖經》並自序。

一一三五年（紹興五年）

春天，在婺州賦〈武陵春〉詞，又作〈八詠樓〉詩。李清照或在次年離開到了臨安。

一一四二年（紹興十二年）

岳飛被殺。飛字鵬舉。反對與金議和，郾城大捷後，被召回。旋以「莫須有」罪名，下獄被殺。

一一四七年（紹興十七年）

第二次十字軍東征。

一一五四年（紹興二十四年）

亨利二世是英格蘭國王（一一五四年即位），他也是法國的諾曼第公爵、安茹伯爵和阿基坦公爵。他所創立的金雀花王朝是英格蘭中世紀最強大的一個封建王朝。

一一四三年（紹興十三年）

五月，在臨安。李清照替身為朝廷命婦的親戚代寫〈端午帖子詞〉。

一一五〇年（紹興二十年）

訪問米友仁，為所藏米芾書帖求題跋。

一一五一～一一五五年（紹興二十一年～二十五年）

李清照將最終修訂好的《金石錄》進獻給朝廷。在此期間，李清照想將自己一生所學傳給孫氏女，被孫氏女婉拒。其卒年不詳。

嗨！有趣的故事

李清照

責任編輯：苗　龍
裝幀設計：盧穎作
著　　者：張世杰

出　　版：中華教育
香港北角英皇道 499 號北角工業大廈一樓 B
電　　話：(852) 2137 2338
傳　　真：(852) 2713 8202
電子郵件：info@chunghwabook.com.hk
網　　址：http://www.chunghwabook.com.hk

發　　行：香港聯合書刊物流有限公司
香港新界大埔汀麗路 36 號中華商務印刷大廈 3 字樓
電　　話：(852) 2150 2100
傳　　真：(852) 2407 3062
電子郵件：info@suplogistics.com.hk

版　　次：2020 年 2 月初版

規　　格：16 開（210mm × 148mm）
I S B N：978-988-8674-51-0

本書繁體中文版由中華書局授權出版